LIBRO DE TRABAJO

Curso de español basado en el enfoque por tareas

Ernesto Martín Peris
Nuria Sánchez Quintana
Neus Sans Baulenas
Tono Vañó Aymat

gente

3

Nueva Edición

gente
Nueva Edición

Libro de trabajo 3

Autores:
Ernesto Martín Peris
Nuria Sánchez Quintana
Neus Sans Baulenas
Antonio Vañó Aymat

Coordinación editorial y redacción:
Montse Belver y Agustín Garmendia
Corrección:
Pablo Garrido

Diseño y dirección de arte:
Ángel Viola
Maquetación:
Mariví Arróspide / David Mateu / Ronin Estudios
Ilustraciones:
Pere Virgili / Ángel Viola
Diseño de portada:
Enric Font

Imágenes:
María Moliner (pág. 6), Alfred Nobel (pág. 27), Yolanda Ferreras y Tomas Ferreras (pág. 14), Resti García (pág. 22 y 47), Roberto Castón, (pág. 86), Sara Polo, Nuria Sánchez y Eugènia Vilà (pág. 30), Tono Vañó (pág. 44 y 54), Eva Llorens (pág. 51), Eduard Sancho, Pol Wagner y Manuel Belver (pág. 59).

Textos:
© "Cómo llegar al 7 de enero", Manuel de supervivencia de Quim Monzó (pág. 77)
© Diario La Vanguardia, S. L.: "Entrevista a Elisabeth Marx" de Eulàlia Furriol (pág. 76)

Infografía: Pere Arriaga / Angels Soler

Material auditivo (CD y transcripciones):
Voces: CHILE: Camilo Parada, COLOMBIA: María Isabel Cruz, ESPAÑA: Carlos Cuevas, Mª Carmen Rivera, Nuria Sánchez.
Música: Juanjo Gutiérrez. **Grabación:** Estudios 103 y CYO Studios, Barcelona.

ISBN: 978-84-8443-189-3
Depósito Legal: B-49265-2004

Reimpresión: enero 2008)

Impreso en España por Tallers Gràfics Soler S.A.

difusión
Centro de
Investigación y
Publicaciones
de Idiomas, S. L

C/Trafalgar, 10, entlo. 1ª
08010 Barcelona
Tel. (+34) 93 268 03 00
Fax (+34) 93 310 33 40
editorial@difusion.com

www.difusion.com

Este *Libro de trabajo* tiene como finalidad primordial consolidar los conocimientos y las destrezas lingüísticas que se han desarrollado en el *Libro del alumno*, del cual es complemento imprescindible. Para ello proporciona ejercicios, en su mayor parte de ejecución individual, centrados en aspectos particulares del sistema lingüístico (fonética, morfosintaxis, vocabulario, ortografía, estructuras funcionales, discursivas y textuales, etc.) que se practican en las actividades del *Libro del alumno*.

Esta nueva edición de GENTE 3 *Libro de trabajo* contiene, además de los ejercicios correspondientes a las once unidades del *Libro del alumno*, un **CD audio** con las audiciones de los ejercicios de este libro.

Por otra parte, al igual que en el *Libro del alumno*, hemos querido resaltar aquellas actividades que reflejan los aspectos metodológicos que propugna el **Marco común europeo de referencia para las lenguas**. Para ello, hemos marcado una serie de actividades con el icono Portfolio. Se trata, por un lado, de actividades de autoevaluación y de reflexión sobre las estrategias de aprendizaje que ayudarán al alumno a confeccionar la biografía lingüística de su Portfolio y, por otro, de actividades que podría incluir en su dossier.

El *Libro de trabajo* se ha estructurado pensando eminentemente en el trabajo personal y en el desarrollo de la autonomía en el aprendizaje. Por este motivo, cada unidad está dividida en dos grandes apartados.

I Un conjunto de **Ejercicios** indispensables para la consolidación de aspectos formales.

Los ejercicios se describen en un índice que refiere el contenido temático y las destrezas que los alumnos ponen en funcionamiento (escribir, leer, hablar o escuchar). De esta forma, profesores y alumnos pueden seleccionar o secuenciar el material según sus necesidades e intereses.

Algunos ejercicios requieren la participación de otros compañeros y, por tanto, se tienen que realizar en el aula. Tales ejercicios se señalan con el símbolo ↰. Asimismo, están marcadas con el icono 🔊 las actividades de comprensión auditiva, para las cuales el alumno dispone del CD-audio que acompaña este libro.

El resto de ejercicios pueden realizarse de forma individual, fuera del aula, o bien se pueden trabajar en clase, al hilo del desarrollo de las actividades del *Libro del alumno*.

II Un apartado dedicado específicamente al desarrollo de la autonomía y de las estrategias de aprendizaje: la **Agenda.** Este apartado, que ocupa una doble página, contiene a su vez dos secciones fijas. En la primera, "Así puedes aprender mejor", los alumnos realizan actividades de aprendizaje en las que experimentan la aplicación de determinadas estrategias. Al final de estas actividades encuentran una reflexión sobre lo que han hecho, a modo de "truco de la lección".

La segunda sección, el "Diario de aprendizaje", les permite reflexionar sobre su experiencia de aprendizaje. Respondiendo a una serie de preguntas el alumno realiza una evaluación del desarrollo del aprendizaje y se implica en la dirección del mismo.

ÍNDICE

Unidad 1 Gente y palabras
Págs. 6 a 13

1   Familias de palabras. Derivación.
2   Palabras en contexto.
3   Neologismos.
4   Falsos amigos.
5   Formación de antónimos. Prefijos **anti, in-/im-/i-, a-, des-.**
6   Definiciones. Frases relativas con preposición.
7   Frases relativas con preposición.
8   Pronombres relativos.
9   Uso de **quien**/artículo + **que.**
10 Polisemia.
11 Nombres colectivos e individuales.
12 Derivación. Uso de diminutivos.
13 Colocaciones.
14 Evocación de las palabras.
Agenda

Unidad 2 Gente de cine
Págs. 14 a 21

1   Descripción de hábitos cotidianos. Acciones simultáneas.
2   Usos de **ponerse** y de **quedarse** en la descripción de cambios de actitud y de comportamiento.
3   Imperfecto, Indefinido y verbos de cambio.
4   Vocabulario de los movimientos corporales e Imperativo.
5   Ubicar y describir posturas y describir cambios.
6   Usos de **poner** y de **ponerse.**
7   Lectura y escritura de sinopsis de películas.
8   Valoración de películas.
9   Descripción de gestos, de modos de expresar y de actitudes.
10 Descripción de escenas.
11 Dar instrucciones sobre el modo de realizar una acción.
Agenda

Unidad 3 Gente genial
Págs. 22 a 29

1   La voz pasiva. Otros recursos propios de la lengua escrita.
2   Contraste Indefinido e Imperfecto.
3   Contraste Indefinido e Imperfecto.
4   Contraste Indefinido e Imperfecto. Marcadores y expresiones temporales.
5   Verbos de cambio: **ponerse, hacerse, volverse, llegar a ser, quedarse.**
6   Verbos de cambio.
7   Verbos de cambio y perífrasis verbales.
8   Perífrasis verbales.
9   Perífrasis verbales. Contraste Indefinido e Imperfecto.
10 Valoraciones.
11 Recursos propios de la lengua escrita. Contraste Indefinido e Imperfecto. Expresiones temporales. Verbos de cambio. Perífrasis. Valoraciones.
Agenda

Unidad 4 Gente y aventura
Págs. 30 a 37

1   Describir espacios naturales y condiciones climáticas.
2   Prever circunstancias eventuales y reaccionar ante ellas.
3   Hacer previsiones.
4   Expresar resignación.
5   Expresar certeza y probabilidad.
6   Hacer hipótesis sobre una situación determinada.
7   Expresar diferentes grados de certeza.
8   Relaciones temporales de futuro. Uso de **depende de** y de **según** + Subjuntivo.
9   Construcciones temporales con Indicativo/Subjuntivo.
10 Construcciones temporales. Acciones inmediatas.
11 Correlación temporal.
12 Pretérito Imperfecto de Subjuntivo. Verbos irregulares.

13 Prever incidentes. Condicional + Imperfecto de Subjuntivo.
14 Usos de **por** y **para.**
Agenda

Unidad 5 Gente con derechos
Págs. 38 a 45

1   Recursos para argumentar.
2   Hacer propuestas y sugerencias.
3   Aceptar con condiciones.
4   Marcadores temporales de inicio.
5   Léxico. Establecer normas, derechos y obligaciones.
6   Pronombre neutro **lo** en función de atributo. Matizar y argumentar una opininón.
7   Recursos para argumentar: enumeraciones y adiciones.
8   Establecer normas, derechos y obligaciones. Marcadores temporales de inicio.
9   Adivinanzas sobre animales.
10 Onomatopeyas.
Agenda

Unidad 6 Gente con corazón
Págs. 46 a 55

1   Describir y valorar épocas o situaciones. Usos de los tiempos pasados.
2   Correlación de tiempos en subordinadas sustantivas con Subjuntivo.
3   Correlación de tiempos: Presente de Subjuntivo/Imperfecto de Subjuntivo.
4   Subordinadas sustantivas con Subjuntivo. Descripción de actidutes y conductas.
5   Vocabulario: el carácter de las personas.
6   Relato: descripción de actitudes y conductas en el pasado.
7   Conectores discursivos: presentar información desde distintos puntos de vista.

Conectores discursivos: presentar información desde distintos puntos de vista.
Valorar negativamente actitudes o conductas de las personas.
0   Justificar conductas. Subordinadas sustantivas con Subjuntivo.
1   Justificar conductas. Subordinadas sustantivas con Subjuntivo.
2   Valotar. Frases inacabadas.
3   **Con lo** + adjetivo/verbo.
4   Escritura de un texto poético.
Agenda

Unidad 7 Gente utópica
Págs. 56 a 63

Expresar rechazo.
Diferentes grados de rechazo. Entonación.
Expresar reproches. Declarar buenas intenciones.
Marcadores para dar veracidad al discurso.
Léxico relacionado con cuestiones sociales.
Hacer promesas.**Para** + Infinitivo/ Subjuntivo.
Léxico: economía, política y bienestar social.
Expresar deseos. Condicional + Infinitivo/ **que** + Imperfecto de Subjuntivo.
Expresar deseos.
0   Hacer propuestas para conseguir un objetivo.
1   Marcadores de argumentación.
2   Aludir a temas. Uso de **lo de.../eso de...**
3   Marcadores de argumentación.
Agenda

Unidad 8 Gente y productos
Págs. 64 a 73

Discriminación de registros.
Conectores discursivos de registro formal.

3   Verbos copulativos y de existencia.
4   Uso de **por** en construcciones causales.
5   **Porque/Por.**
6   Orden de la frase, registro y entonación.
7   Construcciones adversativas y concesivas, y registro: **pero, a pesar de, aunque, aun así.**
8   Adverbios en **–mente**. Valores discursivos.
9   Sustantivos derivados de verbos. Formas y usos.
10 Cohesión de los textos en registro formal: demostrativos, posesivos, pronombres, hiperónimos, etc.
11 Organización de la información y conectores discursivos en registro formal.
12 Causa y consecuencia. Conectores.
13 Producción de un texto informativo, registro formal
Agenda

Unidad 9 Gente y culturas
Págs. 74 a 79

1   Referirse a costumbres colectivas. Verbo **soler.**
2   Referirse a costumbres colectivas y comparar costumbres entre diferentes culturas.
3   Deshacer malentendidos.
4   Hablar de las costumbres propias. **Lo más frecuente/normal**. Verbo **soler.**
5   Fórmulas de despedida: **que + Subjuntivo.**
6   Hábitos y costumbres culturales en el mundo de los negocios. Mostrar desacuerdo: **No es que...**
7   Producción escrita de un texto irónico.
8   Aconsejar sobre comportamientos en algunos actos sociales.
9   Deshacer malentendidos. Relatar una anécdota.
Agenda

Unidad 10 Gente y emociones
Págs. 80 a 87

1   Hablar de habilidades.
2   Hablar de habilidades propias y ajenas.
3   Situaciones hipotéticas. Pluscuamperfecto de Subjuntivo.
4   Hacer hipótesis sobre el pasado.
5   Plantear hipótesis. Dar consejos. Estilo indirecto.
6   Correlación temporal. Tiempos del Subjuntivo.
7   Establecer comparaciones. **Como si** + Imperfecto/Pluscuamperfecto de Subjuntivo.
8   Léxico. Expresión de emociones.
9   Hacer juicios sobre comportamientos pasados.
10 Relacionar acontecimientos. Juzgar comportamientos pasados.
11 Valorar actitudes ajenas.
12 Circunstancias temporales.
Agenda

Unidad 11 Gente justa
Págs. 88 a 95

1   Expresar juicios morales: **que + Subjuntivo**. Adjetivos valorativos.
2   Argumentar opiniones, contrastando aspectos de un tema.
3   Léxico de justicia.
4   Criticar acciones y manifestar la opinión. **El/la/los/las** + **de** + sustantivo.
5   Opinar sobre un acontecimiento. Adjetivos de juicios de valor.
6   Justificar un comportamiento.
7   Valorar y reaccionar ante un hecho en un registro conversacional.
8   Valorar una acción y sus consecuencias.
9   Prever las consecuencias de una acción. **De haberlo/la** + Participio/ **Si + lo hubiera** + Participio.
Agenda

gente y **palabras**

❶ *El Diccionario de Uso del Español* de María Moliner es un auténtico mito cultural. En sus primeras ediciones recogía un peculiar sistema de orden de las palabras, agrupadas por familias, sin seguir un orden estrictamente alfabético. Observa cómo se agrupan las palabras en este diccionario, porque luego tú también vas a crear familias de palabras.

imprimir. ① Dejar en un sitio una marca o la figura de un objeto, aplicando éste contra ese sitio: 'Imprimir en el barro las huellas de los pies'.

imprenta. ① Arte y actividad de *imprimir: 'Leyes de imprenta'. ② Taller donde se imprime.

impresión (fem.). ① Acción de *imprimir. ② («Marcar, Quedar»). *Huella o *señal que deja una cosa sobre otra contra la que se aprieta: 'Impresiones digitales'. ③ *Efecto causado en los sentidos o en el ánimo por las cosas, las personas, los fenómenos o los sucesos: 'Me gusta la impresión del aire fresco en la cara'.

impresionable (adj.). ① Se aplica a lo que se puede impresio-nar. ② Se dice de la persona que responde rápida e intensamente a cada impresión, con los correpon-dientes cambios de estado de ánimo: 'Es muy impresionable y lo mismo le deprime una mala noticia que le exalta una buena'.

impresionante (adj.). Se aplica a lo que causa mucha impresión.

impresionar. ① Causar en alguien una impresión física o moral: 'Me impresionó aquel rasgo de generosidad'.

impreso, -a. ① Participio adjeti-vo de «imprimir»: 'Un libro impre-so'. ② (n., en masc.). Hoja de papel con algún destino especial: 'Un impreso para solicitar el pasaporte'.

impresor, -a. Persona que tiene o que trabaja en una imprenta.

Texto adaptado

Hay grupos de palabras que derivan de una misma palabra. Intenta escribir algunos miembros de la familia de cada una de las siguientes palabras:

centro	tratar	recibir	fructífero	ofender
oculista	economía	heredar	escolar	

Ahora, escoge tres palabras de la lista anterior y piensa cómo se pronun-cian sus formas derivadas y subraya la sílaba fuerte de cada una de ellas. Después, escucha y comprueba.

escol<u>a</u>r, escu<u>e</u>la, escolarid<u>a</u>d, escolariz<u>a</u>r, escolarizac<u>ió</u>n.

❷ Elige tres palabras de una misma familia (del ejercicio 1) y escribe algunas frases que ejemplifiquen su significado.

3 La lengua está sometida a un continuo proceso de creación. Inventamos nuevas palabras (neologismos) o añadimos nuevos significados a palabras que ya existen. Hay áreas temáticas nuevas que tienen una gran influencia sobre la comunicación, un ejemplo de ello es el área de las tecnologías de la información.

Lee el diálogo siguiente página y subraya las palabras relacionadas con el campo de la tecnología, ¿entiendes su nuevo significado?

- Estoy agotada, llevo diez meses trabajando en este proyecto y creo que ya no puedo más, necesito desconectar.
○ Sí, está claro que deberías irte de vacaciones, descansar y recargar las pilas; ya mismo.
 Vamos, no esperes ni una semana más. ¿Por qué no te vas con Cecilia? Creo que ella también quiere irse por ahí...
- ¡Uf!, no, con Cecilia no. No sé qué pasa últimamente pero no conectamos.
○ Pues no sé por qué. Es una persona estupenda. ¿Tú aún sigues enfadada con ella por la historia aquella que tuvo con Carlos? Fue hace mucho tiempo, ya no tiene nada que ver... Bueno, es verdad, a veces se le cruzan los cables, y no sabes lo que puede pasar... Oye, ¿y con César?
- No sé, hace mucho tiempo que no sé nada de él. ¿Sigue en la misma empresa?
○ Sí, y estaría encantado de irse de vacaciones contigo. Venga, intenta contactar con él.
- Sí, creo que voy a escribirle un e-mail.

¿Ocurre algo parecido en tu lengua? ¿Conoces alguna palabra en español del campo de los deportes o del automóvil, o de otro campo, que en los últimos años se utilice con nuevos significados? Haz una lista de esas expresiones y comparte la información con tus compañeros.

4 Un hablante que tiene como primera lengua el inglés ha escrito estas frases. Fíjate en que utiliza algunas palabras que se parecen a las de su lengua, pero que tienen un significado distinto en español. ¿Podrías localizar esas palabras y sustituirlas por las adecuadas?

– Tengo un examen mañana, voy a quedarme a estudiar en la librería.

– El concierto fue fabuloso, la orquesta tocó muy bien y el conductor era muy bueno.

– Juana estaba muy enfadada: Carlos se había olvidado de comprar las entradas para el teatro y tuvieron un argumento terrible.

– Iván no esperaba que aparecieran los padres de Laura en su fiesta, estaba muy embarazado.

¿Hay palabras en tu lengua que puedan crear problemas de este tipo? Escribe seis frases, tres correctas y tres en las que se ha colado un "falso amigo". Léeselas a tu compañero a ver si es capaz de localizar el error. Entre todos, y con ayuda del profesor, haced una lista de algunos "falsos amigos" del español.

5 En español, para formar palabras que tienen un significado contrario, se añaden prefijos o se utiliza una palabra distinta.

Escribe el antónimo de estas palabras en la columna correspondiente:

confiado/a
legal
normal
cómodo/a
conocido/a
sucio/a
lógico/a
vestirse
oscuro/a

perfecto/a
oportuno/a
perezoso/a
sociable
natural
humano/a
agradable
dulce
blando/a

ANTI–	IN–/IM–/I–	A–	DES–	OTRA PALABRA
	insociable			

5 Elige tres adjetivos de la lista anterior y escribe frases con esas palabras. Tu compañero las leerá y comprobará si el significado está bien aplicado y si son correctas.

6 Escribe las definiciones de las siguientes palabras en el lugar adecuado.

armario   túnel   tenedor   impresora   ambulancia   cristal

piscina   dormitorio   paso de peatones   secador

_____Es un mueble____ **en el que** se guarda __la ropa en casa.__

_____ **por el que** pasas _____

_____ **en el que** se traslada _____

_____ **con el que** comes _____

_____ **por el que** cruzas _____

_____ **donde** duermes _____

_____ **con el que** imprimes _____

_____ **del que** están hechos _____

_____ **en el que** te bañas _____

_____ **con el que** te secas _____

7 Escribe cuatro definiciones como las del ejercicio anterior. Léeselas a tu compañero, que intentará adivinar la palabra que estás definiendo.

> • Es un utensilio de metal con el que se sirve la sopa.
> ○ Es un cucharón.

1. _____

2. _____

3. _____

4. _____

8 Escucha lo que dicen estas personas. Imagina de qué o de quién están hablando.

	1	2	3	4	5	6	7
Están hablando de personas.							
Están hablando de cosas.							
Pueden estar hablando de personas o de cosas.							

9 Solo en cinco de las siguientes frases se puede sustituir **la que** por **quien**. ¿En cuáles y por qué?

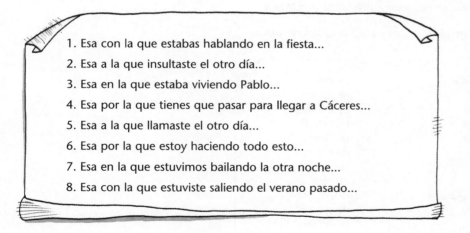

1. Esa con la que estabas hablando en la fiesta...

2. Esa a la que insultaste el otro día...

3. Esa en la que estaba viviendo Pablo...

4. Esa por la que tienes que pasar para llegar a Cáceres...

5. Esa a la que llamaste el otro día...

6. Esa por la que estoy haciendo todo esto...

7. Esa en la que estuvimos bailando la otra noche...

8. Esa con la que estuviste saliendo el verano pasado...

Ahora, reescribe las frases con **quien** en los casos en los que sea posible.
Muchas palabras en español, como en otras lenguas, tienen varios significados.

gente y palabras

10 Lee las diferentes acepciones de la palabra **fuente** que aparecen en el diccionario.

> **fuente.** (Del latín «fons, -ntis») ① Lugar de donde brota agua procedente de una corriente subterránea natural o conducida artificialmente. ② *Construcción, a veces monumental, en la que hay instalados surtidores de agua. ③ Recipiente de forma redonda u ovalada que se emplea para servir la comida. ④ Causa u origen: sitio, hecho, ocasión, etc., de donde procede algo.

Texto adaptado

Lee estas frases, ¿a qué acepción corresponde cada una de ellas?

– La cena fue fabulosa, sirvieron los postres en **fuentes** de plata.

– El restaurante es su única **fuente** de ingresos.

– Llegas hasta la plaza Mayor, una que tiene una **fuente** muy grande en el centro, y allí giras a la derecha por la avenida García Lorca...

– Fuimos de excursión con Óscar y Nacho, llegamos hasta la sierra de la Magdalena. Allí bebimos un agua riquísima en la **fuente** que había al lado de la ermita.

Busca en el diccionario las siguientes palabras. Escribe dos frases con cada una y léeselas a un compañero, que adivinará a qué acepción corresponde.

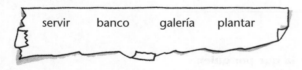

servir   banco   galería   plantar

11 Con ayuda del diccionario intenta relacionar las siguientes palabras. ¿Qué palabras de la primera columna se refieren a unidades y cuáles a grupos de objetos?
Subraya las combinaciones que te resultan útiles para hacer la compra.

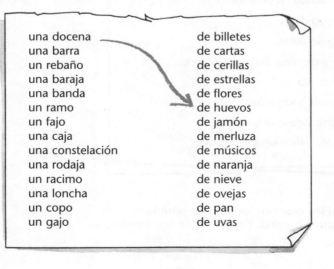

una docena	de billetes
una barra	de cartas
un rebaño	de cerillas
una baraja	de estrellas
una banda	de flores
un ramo	de huevos
un fajo	de jamón
una caja	de merluza
una constelación	de músicos
una rodaja	de naranja
un racimo	de nieve
una loncha	de ovejas
un copo	de pan
un gajo	de uvas

⑫ Escucha un diálogo en el que se ha incluido un gran número de diminutivos y escribe una lista con todos los que oigas.

_____ _____

_____ _____ _____

_____ _____ _____

_____ _____

¿Cómo te imaginas la situación?

¿Lugar?
¿Quiénes hablan?
¿Cómo te imaginas a los hablantes?
¿Por qué crees que utilizan los diminutivos?
¿Se hablaría de esa manera en tu lengua en una situación parecida?

Puedes visionar la escena en el vídeo GENTE DE LA CALLE 1 ('En la tienda' del capítulo "Un domingo en el rastro") y comprobar si tus suposiciones son correctas.

⑬ En todas las lenguas, algunas palabras suelen combinarse con otras. ¿Puedes elegir el verbo que normalmente acompaña a las siguientes palabras?

una reunión	cometer
una mala época	pronunciar
un ministro	cometer
un error	sufrir
un asesinato	hacer
buenas relaciones	soplar
una enfermedad	realizar
un esfuerzo	mantener
la factura	nombrar
un discurso	convocar
un cumpleaños	contar
un chiste	celebrar
el viento	pasar
amigos	ascender a

Elige cuatro palabras de la lista anterior que hayas aprendido nuevas y escribe una frase con cada una de ellas.

gente y palabras

14 Durante el II Congreso de la Lengua Española (Valladolid, 2001), diez escritores famosos eligieron las que para ellos eran las diez palabras más bonitas del español por su significado. Señala las tres que más te gustan a ti.

> amor   luz   silencio   melancolía   amigo
> mar   libertad   alba   belleza   paz

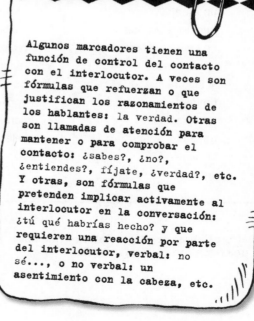

La emisora de radio Ser pidió a sus oyentes que escribieran textos con algunas de esas palabras. Lee estos dos ejemplos:

> "Melancolía, me digo, y no dejo de contemplar el alba. El silencio de este mar que por su paz ya se ha hecho mi amigo".
>
> **Alfonso Iglesias**

> "Silencio, amor. Tráeme el mar de la infancia, y la belleza de las tardes del estío. No me dejes a la melancolía. Las palabras, dice el poeta, son más grandes que la vida".
>
> **Inocencio Piñera**

Ahora, intenta tú escribir un texto que contenga el máximo número de las palabras del recuadro.

Así puedes aprender mejor

15 La función principal de la conversación coloquial es la socializadora, aquella que usa la comunicación como forma de relacionarse. El hablante utiliza algunos recursos para animar o para comprobar el mantenimiento de contacto con el interlocutor. Son marcas que manifiestan la relación entre los participantes en un diálogo.
Ahora, intenta localizar estas marcas en la siguiente conversación: Juan cuenta a Pablo una situación de conflicto que vivió por una factura telefónica.

● (...) la del banco al final no fue nada simpática, no sé... Bueno, no me ayudó para nada. Me dio largas y encima me echó la bronca porque según ella yo estaba mintiendo... Le estaba mintiendo y no había pagado... Bueno, me puse como una furia. De ahí llamé a Telefónica, hablé con cuarenta operadoras... Ya sabes cómo es, ¿no?

○ Sí, una pesadez.

● Cuando llamas: ¿qué, qué? Le pongo... Un minuto... No sé qué y vas... y qué... le paso con el departamento de no sé qué..., del departamento de no sé qué al otro... Bueno, horas al teléfono y nada, nada, nada... Cuestión, que no sabía qué hacer...

○ No sé. (...)

> Algunos marcadores tienen una función de control del contacto con el interlocutor. A veces son fórmulas que refuerzan o que justifican los razonamientos de los hablantes: la verdad. Otras son llamadas de atención para mantener o para comprobar el contacto: ¿sabes?, ¿no?, ¿entiendes?, fíjate, ¿verdad?, etc. Y otras, son fórmulas que pretenden implicar activamente al interlocutor en la conversación: ¿tú qué habrías hecho? y que requieren una reacción por parte del interlocutor, verbal: no sé..., o no verbal: un asentimiento con la cabeza, etc.

Diario de aprendizaje

Impresiones sobre el progreso en mi competencia de español:

1. ¿En qué aspectos he mejorado?

2. ¿Cómo he conseguido hacerlo?

gente de cine

1 Por las mañanas todos tenemos algunas costumbres. Reacciona a lo que dicen Susana y Carlos, y explica tus propias rutinas matinales contrastándolas con las de ellos.

> Yo me quedo tumbada unos minutos en la cama despierta, pero con los ojos cerrados.

> Yo me tomo un café de pie mientras escucho las noticias de la radio.

– Me baño sin prisas y me pongo el albornoz.
– A veces me tumbo en la alfombra para hacer estiramientos y algunos abdominales.
– Saco la ropa del armario y la coloco sobre la cama.
– Me preparo mi maletín.
– Casi siempre salgo a la calle a dar una vuelta con el perro y a comprar el periódico.

– Me ducho deprisa.
– Luego, me afeito escuchando las noticias de la radio.
– Como normalmente tengo prisa, me pongo lo primero que encuentro en el armario.
– Meto rápidamente en la cartera todo lo que necesito.
– Salgo de casa nervioso y corriendo porque siempre se me hace tarde.
– Casi siempre tomo un taxi para llegar a tiempo al trabajo.

● Pues yo desayuno sentada. Me tomo un té y unas tostadas tranquilamente mientras leo el periódico.

2 ¿Qué crees que hicieron o cómo se comportaron estas personas cuando les dieron estas noticias o les pasaron estas cosas? Termina las frases usando las expresiones del cuadro en los tiempos adecuados.

Cuando su novia le dijo que quería cambiar completamente de vida, se quedó muy asombrado.

Cuando su jefe le dijo que le aumentaba el sueldo, ...
Cuando se enteró de que tenía que pasar la noche en el aeropuerto porque habían cancelado el vuelo, ...
Una alumna le dijo que se parecía mucho a Tom Cruise y él ...
Cuando le dijeron que se había muerto el gato, ...
Cuando le dijeron que venía su suegra a pasar las vacaciones, Manuel ...
Cuando le han traído la cuenta del restaurante, que era de 800 euros, ella ...
El camarero le tiró la sopa de tomate sobre el smoking blanco, y entonces él ...
Cuando nos han dicho que el hotel estaba completo y que teníamos que irnos a 30 km, ...
Cuando le reclamé lo que me debía, o sea 500 euros, ella ...
Cuando el profesor nos ha dicho que hoy había examen, nosotros ...

TRATA DE UTILIZAR

ponerse
como una fiera   como un/a loco/a

a llorar   a gritar
a reír   a saltar de alegría

(muy) serio/a   (muy) triste
(muy) colorado/a   (muy) pálido/a
contentísimo/a   histérico/a

quedarse
boquiabierto/a   hecho/a polvo
asombradísimo/a   quieto/a

helado/a   de piedra
sorprendido/a   callado/a

❸ Mira estas frases y elige el elemento que consideres más adecuado para completarlas. Ten en cuenta que a veces los dos o los tres son posibles y la frase cambia de significado con uno u otro.

1. Cuando llegaron los invitados, Tania (SE TUMBÓ/ESTABA TUMBADA) en el sofá.
2. Al ver que Pancho entraba en la sala, Enrique (ESTABA CALLADO/SE CALLÓ). Se notó mucho que lo estaba criticando.
3. Lidia (SE SENTÓ/ESTABA SENTADA) al lado de Marta. Y ya sabes que se caen fatal, pero como era el único sitio que quedaba libre…
4. El profesor (SE QUEDÓ/SE PUSO/SE PONÍA) de pie junto a la puerta. Dijo que no entraría hasta que nos calláramos.
5. Cuando le dieron la noticia, Fernando (SE PUSO A LLORAR/ESTUVO LLORANDO/ESTABA LLORANDO).
6. La abuela, después de comer, se sintió mal y (SE ACOSTÓ/ESTUVO ACOSTADA/ESTABA ACOSTADA) un ratito.
7. Cuando llamé a mis amigos por teléfono, Alberto (SE ENFADÓ/ESTABA ENFADADO) conmigo.
8. Al entrar el profesor en clase, sus alumnos (SE CALLARON/SE QUEDARON CALLADOS) de inmediato.

❹ Hoy, en la agencia de publicidad hay una sesión fotográfica con dos modelos. Están preparando un catálogo de artículos de deporte. ¿Qué consignas crees que les ha dado el fotógrafo para obtener estas imágenes? Usa estos verbos en Imperativo.

> ● Rómulo, acércate a ella y agáchate junto a ella.

TRATA DE UTILIZAR

agacharse
ponerse de pie/junto a/…
tumbarse

estirar(se)
levantar(se)
acercarse a
alejarse de
inclinar(se) hacia
apoyar(se) en/sobre

5 Estos monigotes están pasando la tarde en el parque. Relaciónalos
con las frases que describen su ubicación y su postura.

– Está tumbado en un banco con las manos debajo
de la cabeza.
– Está arrodillado junto a la fuente.
– Está sentado detrás del quiosco.
– Se está tirando por el tobogán boca abajo.
– Está apoyado en un árbol.
– Tiene las manos en la cabeza y está sentado en el
suelo.

– Está de pie encima de un columpio.
– Está tumbado con las piernas hacia arriba debajo de
un árbol.
– Está con las manos en la cintura.
– Está tumbado en la yerba boca arriba.
– Está subido a un árbol, sentado en una rama.
– Está dentro de la papelera.
– Está colgado de un árbol.

¿Por qué no intentas tú dibujar tres monigotes más? Dale
instrucciones a un compañero para que sepa dónde están y cómo.
Pero, primero, prepáralas por escrito.

Ahora, muchos de los monigotes han cambiado de postura o de
ubicación. Describe los cambios como en el ejemplo.

● El que estaba tumbado en un banco se ha puesto de pie.

6 El verbo **poner** tiene varios usos. Obsérvalos en estas frases y hazlos corresponder con los posibles significados de la columna de la derecha.

Cuando tiene que hablar en público **se pone** nerviosísimo.

Se puso a gritar como un loco cuando me vio llegar.

Laura **se pone** una ropa que le queda fatal.

¿Ya **te has puesto** los pendientes que te regalé?

Me puse a estudiar a las 9h y no me acosté hasta las 3h de la madrugada.

Se puso de pie, dijo que estaba harto y salió dando un portazo.

Se pone de mal humor cuando duerme poco.

Se pone a llorar por cualquier cosa.

Te pones de rodillas y estiras los brazos hacia delante y respiras hondo.

¿Dónde **pongo** las gafas?

El año pasado **se puso** a estudiar guitarra.

Pon esta maleta encima del armario, por favor.

1 llevar una prenda de vestir

2 iniciar una actividad

3 levantarse

4 colocar

5 arrodillarse

6 cambiar de estado de ánimo

Ahora, intenta tú escribir varias frases con estos usos.

7 Estos textos son sinopsis de películas hispanas de los últimos años, como las que suelen aparecer en las carteleras de la prensa.

LOS OTROS
Director: Alejandro Amenábar. 2001 ESPAÑA
La segunda gran guerra ha terminado, pero el marido de Grace no vuelve. Sola, en un caserón aislado en la isla de Jersey, educa a sus hijos bajo las más estrictas normas religiosas. Los niños padecen una extraña enfermedad: no pueden recibir directamente la luz del sol. Los tres nuevos sirvientes deben aprender una norma vital: la casa permanecerá en penumbra, por lo que nunca se abrirá una puerta sin haber cerrado la anterior. El terror va invadiendo la casa y la muerte y la vida se entremezclan.

MARTÍN (HACHE)
Director: Adolfo Aristarain. 1997 ARGENTINA-ESPAÑA
Martín (H) es un adolescente de 19 años que vive en Argentina con su madre, pero un trágico accidente provocará que se traslade a vivir con su padre, en Madrid. Así, Hache se integra en el complejo pero reducido ámbito social de su padre, que se limita a Dante y Alicia. La presencia de Hache en Madrid nos permite deshilvanar los problemas que este trío alberga en sus relaciones entre ellos mismos e, indirectamente, con el mundo.

AMORES PERROS
Director: Alejandro González Iñarritu. 2000 MÉXICO
Ciudad de México, un fatal accidente automovilístico. Tres vidas chocan entre sí y nos revelan lo sórdido de la naturaleza humana. Octavio, un joven adolescente, planea fugarse con Susana, la esposa de su hermano. Daniel abandona a su mujer e hijas para irse a vivir con una joven modelo, y el Chivo, ex guerrillero, ahora es un asesino a sueldo.

Ahora, trata tú mismo de escribir la sinopsis de tres películas conocidas que te hayan gustado mucho. En clase podéis leerlas sin decir el título, a ver si alguien reconoce la película.

8 Escucha a estas personas que han ido a ver algunas películas de habla hispana. Primero, rellena las siguientes fichas. Después, adjudica a cada película 1, 2, 3 ó 4 estrellas, según la valoración de las personas que hablan.

TÍTULO

RESEÑA

_____

_____

_____

VALORACIÓN

_____

_____

_____

TÍTULO

RESEÑA

_____

_____

_____

VALORACIÓN

_____

_____

_____

9 Imagina contextos para estos enunciados. ¿De qué manera te imaginas que alguien puede expresarlos? ¿Qué crees que hacen estas personas (gestos, tono que adoptan, expresión…)? Termina las frases añadiendo algún elemento de la siguiente lista.

| serio/a | horrorizado/a | llorando | alucinado/a | gritando | enfadado/a | sonriendo | indignado/a |
| asustado/a | preocupado/a | asombrado/a | nervioso/a | escandalizado/a | desconcertado/a | alarmado/a |

1. Yo nunca he dicho que tú fueras un imbécil, es completamente falso –contestó ella *desconcertada.*

2. No te lo tomes así, hombre. Era una broma, perdona –añadió él _____.

3. ¡Esto es intolerable! ¡No se puede permitir que traten así a los pasajeros! –gritó él _____.

4. No sé cómo decirte esto, no quiero hacerte daño, pero ya no te quiero –susurró ella _____.

5. ¡La carretera está cortada! ¡Tendremos que quedarnos aquí un par de días! –dijo _____.

6. Ay, perdona, no te había reconocido. ¡Estás muy cambiado! –dijo él _____.

7. Sí, ya sé que tu madre cocina este plato mucho mejor que yo –respondió él _____.

8. ¡Hay fuego en la cocina! –exclamó él _____.

9. Creo que en los próximos meses van a despedir a mucha gente en la empresa –comentó ella _____.

18

Dieciocho

10 En este fragmento de una comedia de enredo se han desordenado las acotaciones escénicas. Escucha primero la cinta y luego decide dónde las colocarías tú. Compara tus soluciones con las de algún compañero.

LOCUCIONES

ACTO PRIMERO

SUSANA: ¡Bufffff! ¡Qué cansada estoy...! ¡Qué día tan largo! Me voy a tomar un baño y como nueva.

LADRÓN: ¡Dios mío! Es ella... ¿Me habrá visto?

SUSANA: ¿Hay alguien ahí? ¡Ah...! ¡Qué susto! Es la tele.

LA TELE: No tengas mieeeeedo, pequeña...

SUSANA: Laaaaa, laaaa, laaaaaa, laaaaaa... Sí señor, un buen baño... y como nueva. Pero, pero... ¿Quién es usted? ¿Qué hace usted aquí?

LADRÓN: Tranquila, señorita, tranquila; venía a arreglar el gas y la portera...

SUSANA: ¿La portera? ¡Pero si en esta casa no hay gas! ¡Socorro! ¡Auxilio! ¡Policía!

LADRÓN: Bueno, en realidad, no es eso... Es que yo, ¿sabe usted?, estoy enamorado de usted desde hace tiempo y...

SUSANA: ¿Y esta maleta?

LADRÓN: Sí, verá, es que salía de viaje...

SUSANA: ¿Con mi maleta? ¿Sale usted de viaje con mi maleta? ¡Tendrá cara el tío!

LADRÓN: Tranquila, que no es lo que parece...

SUSANA: Pero... Su cara me suena. Sí, ya sé: usted me vino a vender una enciclopedia sobre la vida de los pájaros la semana pasada. ¡Menudo pájaro!!!!! ¡Socooooorro!

ACOTACIONES

Un salón en el que no hay nadie. Los muebles son de los años 60 y están un poco deteriorados. Un sofá de plástico naranja ocupa el centro.

En un rincón hay un viejo televisor encendido.

Lleva un abrigo negro y unas botas altas de tacón.

Se ve cómo la cortina se mueve.

Se oye música de película de terror.

Dice él, susurrando con voz angustiada.

Ella anda hacia atrás alejándose del ladrón y, de repente, tropieza con una maleta.

Entra una mujer joven bostezando.

Se tira al suelo y se queda tumbado detrás del sofá.

Se oye cómo la llave abre la puerta y ésta se cierra de golpe.

Se quita el abrigo y lo deja colgado en una silla.

Se oye un grifo.

Lo mira boquiabierta.

Sale corriendo.

Es de noche y fuera está lloviendo. De vez en cuando se oye un trueno.

Se tumba en el sofá.

Sale por la puerta del fondo y vuelve a entrar. Lleva puesto un albornoz y una toalla en la cabeza y va descalza.

Vuelve a entrar en el salón.

Se oyen pasos alejándose.

Está temblando de miedo.

¿Podrías continuar la escena? Escribe un fragmento más de las locuciones y las correspondientes acotaciones escénicas.

gente de cine

11 Unos actores que están filmando una apasionada escena romántica olvidan constantemente sus papeles. ¿Cómo les transmites lo que tienen que decir?

Lo que tienen que decir pero han olvidado.	Dile que/Pídele que
Ana, yo te quiero…	
Sal de aquí inmediatamente.	
No quiero volver a verte.	
Ayúdame, no me dejes solo.	
Lo nuestro no puede funcionar.	
Dame alguna esperanza.	
Dime la verdad.	
No te vayas, quédate un poco más.	
No te pongas así, no sirve de nada.	
Déjame en paz.	
Escúchame y no llores.	

Así puedes aprender mejor

12 La entonación es muy importante. Escucha estas maneras distintas de decir las mismas frases. Toma notas de tus interpretaciones y los posibles contextos que te sugieren. Coméntalo con tus compañeros.

"ella entró en la casa llorando"   **Lo dice enfadado.**

"ella entró en la casa llorando"

"ella entró en la casa llorando"

"la habitación estaba vacía"

"la habitación estaba vacía"

"ESTABA ANOCHECIENDO"

"estaba anocheciendo"

"¿Te has fijado en el tono con el que lo ha dicho?", "No me gusta este tono", "¡Qué tono, chico!" son comentarios muy habituales en la vida cotidiana. Muestran la importancia que tiene la entonación en la expresión de nuestras intenciones comunicativas. La lengua permite decir muchas cosas con las mismas palabras. Utilizando determinados recursos, como la entonación, podemos darles diferentes significados. Así, podemos demostrar actitud de asombro, aburrimiento, enfado, alegría, incertidumbre, timidez, nerviosismo...; somos capaces de diferenciar una afirmación de una pregunta; podemos subrayar la parte más importante de nuestro discurso... Para ello, utilizamos la velocidad, el volumen, la intensidad, las pausas y los silencios, las curvas melódicas, etc. Estos recursos determinan, en gran parte, el significado que queremos dar a lo que decimos y la interpretación que hace quien nos escucha.
En la escritura esto se refleja, aunque de manera muy pobre, mediante la puntuación.

Diario de aprendizaje

PORTFOLIO

Impresiones sobre el progreso en mi competencia de español:

1. ¿En qué aspectos he mejorado?

2. ¿Cómo he conseguido hacerlo?

gente **genial**

1 El redactor de *Gente informada* ha escrito esta noticia para la sección de cultura en un estilo muy informal. ¿Qué cambiarías tú para que tuviera un estilo más adecuado? Escribe la alternativa.

> La exposición "El arte popular andaluz" fue inaugurada por...

Cultura

GENTE INFORMADA

ARTE ANDALUZ

La exposición "El arte popular andaluz" la inauguró ayer en Málaga el alcalde de la ciudad. Las 350 piezas que componen esta colección las transportarán después a distintas ciudades europeas, donde las expondrán en museos y en salas de todo el continente. Según explicó Ricardo Gálvez, presidente de la fundación "Arte y Cultura" y promotor de esta iniciativa, esta exposición pretende dar a conocer a jóvenes artistas de la comunidad. A estos jóvenes los han escogido porque son muy buenos pintores y porque tienen un talante muy innovador. Entre ellos están Federico Cortés e Irene Carmona. Les dieron un premio, el Premio Nacional de Cerámica el pasado año. Las obras las fabrican en esta ocasión con materiales como cerámica, madera y también cuero y, en la exposición, las han agrupado de acuerdo con su finalidad: de uso cotidiano, adorno o decoración...

---

2 Vas a escuchar a unas personas que cuentan a sus hijos la historia de su familia. ¿Qué cosas vivieron o pasaron en aquella época? Apunta dos sucesos que marcaron su vida y algunas características de la época.

↩ ¿Hay alguien en tu familia que haya vivido algún episodio especial? ¿Recuerdas alguna anécdota divertida de tu abuelo o de tu abuela? Puedes contar la anécdota a tus compañeros: prepara tu intervención.

3 ¿Sabes cuántos kilómetros tiene la Muralla china? ¿Y por qué se construyó? Si lees esta historia del emperador que la mandó levantar, lo averiguarás. Luego, puedes leerla otra vez para escoger la forma verbal adecuada (Imperfecto o Indefinido). Ten en cuenta que, algunas veces, las dos son posibles, pero el punto de vista del narrador cambia.

Había/Hubo en el s. III a. J.C. un emperador en China que **se llamaba/se llamó** Qin Shi Huangdi y **era/fue** uno de los mayores guerreros que ha habido en toda la Historia. La provincia que **gobernaba/gobernó** se **llamaba/se llamó** Tsin (Qin) y es probable que el nombre actual de todo el país, "China", derive del suyo ("Chin-" y "tsin" se parecen, ¿verdad?). De hecho, con sus conquistas, no solo **llegaba/llegó** a ser señor de todo el país, sino que también **establecía/estableció** una nueva organización en todo el territorio. Por esta razón, **expulsaba/expulsó** a los demás príncipes y **volvía/volvió** a dividir el país. También **ordenaba/ordenó** quemar todos los libros de historia y todas las noticias antiguas, así como todos los libros de cantos y los escritos de Confucio y Lao-Tsé. Y si alguien **conservaba/conservó** algún libro, **era/fue** ajusticiado. Con todas estas decisiones, el emperador **quería/quiso** borrar todo recuerdo de tiempos anteriores: China **tenía/tuvo** que ser, enteramente, obra suya.

Qin Shi Huangdi **construía/construyó** carreteras a lo largo del país e **iniciaba/inició** una obra grandiosa: la Muralla china, un poderoso muro fronterizo de más de 5000 km de longitud que recorre llanuras, valles, colinas y desiertos. La **hacía/hizo** construir para proteger a China y a sus numerosos ciudadanos y agricultores pacíficos y laboriosos de los pueblos de la estepa, de las bandas de jinetes guerreros que **recorrían/recorrieron** sin rumbo las inmensas llanuras del interior de Asia. Y para este fin **era/fue**, realmente, muy apropiada. Ha resistido durante milenios y todavía sigue en pie.

4 ¿Te acuerdas de qué pasó en estos años? De los siguientes temas, ¿cuáles recuerdas o conoces? Escoge cinco y anota lo que sabes de ellos.

Escucha ahora este programa de "Radio Magic" y comprueba si tus suposiciones eran correctas. Anota otros cinco hechos que recuerdes que ocurrieron en esos años.

1994	Telescopio espacial "Hubble"
	Selección brasileña de fútbol
1995	El ciclista Miguel Induráin
	Oklahoma
1996	Atlanta
	François Mitterrand
1997	Ruanda
	Oveja "Dolly"
	Madre Teresa de Calcuta
1998	Película *Titanic*
	Irlanda del Norte
	Nave espacial "Mars Pathfinder"
1999	Ex Yugoslavia
	Eclipse solar
2000	Submarino "Kursk"
	José Saramago
2001	"Torres gemelas" de Nueva York
	George Harrison
	Afganistán
2002	Euro
	Billy Wilder

Titanic ganó muchos Oscars (11). Está basada en el accidente del transatlántico.

¿Qué pasó en tu país en esa época? Anota los hechos importantes de los que te acuerdes o investiga. Después, con todos los datos que tienes, intenta escribir un pequeño reportaje periodístico sobre lo que ocurrió en esos años en tu país o en otro de tu interés. Puedes hacerlo solo o en pequeños grupos.

Aquí tienes el principio:

Los noventa fueron unos años de rápido cambio y de transición a una nueva época. El último decenio del siglo XX empezó con...

TRATA DE UTILIZAR

Al cabo de dos años/meses/...
Unos días/meses/años/... **más tarde,**
Poco después,
Tras/Después + Infinitivo,
A las dos semanas/los tres meses/los cuatro años...
Mientras
En ese/a mismo/a año/época/...
Aquel día/junio/... **de** 1999/2002/...
En aquellos días/meses/años/momentos/...

5 Lee las frases de la columna izquierda. En todas ellas se expresan cambios. Haz corresponder cada ejemplo con la regla de la segunda columna que te parezca más adecuada. ¿Con qué palabras de la tercera columna pueden combinarse los verbos de la primera columna?

VERBOS	IDEA QUE EXPRESAN	PALABRAS QUE ACOMPAÑAN
1. PONERSE • ¡Huy, qué cara tienes hoy! ¿Qué te pasa? ○ Pues nada, que me han suspendido. Me he puesto nervioso y no he podido decir nada. En fin, ya se me pasará. • ¡Te has puesto muy guapa! ○ ¿Adónde vas? • Al cine, con Ramón.	**A.** Una transformación que está relacionada con la edad, la ideología, la profesión, etc.	☐ **2** budista ☐ loco ☐ ciego ☐ colorado ☐ contento
2. HACERSE • ¡Vaya con Eduardo! ¡Quién lo ha visto y quién lo ve! Se ha hecho mayor, ¿verdad? ○ Sí, es que el tiempo pasa para todos... • ¿Sabes? Me he hecho de Greenpeace. ○ ¡Anda! ¿Pero tú no decías que no te importaban nada las ballenas, ni la capa de ozono...?	**B.** Un cambio de estado temporal en el aspecto físico o en el ánimo de una persona.	☐ de mal humor ☐ del Barça ☐ del Partido Liberal
3. VOLVERSE • No sé qué le pasa a Gracia últimamente, se ha vuelto muy rara. Antes no era así. • ¡Hay que ver cómo ha cambiado Juan! Con lo reservado que era, ahora se ha vuelto súper extrovertido, ¿verdad?	**C.** La situación de una persona, de una cosa o de un lugar, consecuencia de un suceso o de una actividad anterior.	☐ una actriz famosa ☐ rico ☐ en la miseria ☐ millonario
4. LLEGAR A (SER) • No tenía estudios, pero era muy trabajador. Empezó de administrativo y, ya ves, llegó a (ser) vicepresidente. • ¡Como sigas así, no llegarás a (ser) nada en la vida!	**D.** Una transformación en el carácter o en la actitud de una persona.	☐ fontanero ☐ muy antipático ☐ muy conocido ☐ preocupado
5. QUEDARSE • ¡Pobre Pablo! Tuvo un accidente terrible hace seis meses y desde entonces se ha quedado cojo y, encima, sin trabajo. • Todo el mundo está de vacaciones. ¡La ciudad se ha quedado desierta!	**E.** Una mejora o un logro en la profesión o en el estatus de una persona, fruto de su esfuerzo.	☐ sin aliento ☐ sin amigos ☐ tranquilo

6 Lee las frases siguientes y escoge el verbo adecuado en cada caso.

1. Cuando me enteré de que Augusto y Belén se habían casado (ME QUEDÉ/ME PUSE) sin habla: ¡yo creía que casi no se conocían!
2. ¡No te (VUELVAS/PONGAS) triste, mujer! Ya verás como todo se arregla.
3. Desde que se murió su mujer le ha cambiado el carácter. Además, (SE HA QUEDADO/SE HA VUELTO) muy solo.
4. Tenía una fortuna inmensa, pero la perdió toda jugando a la ruleta. Entonces (SE VOLVIÓ/LLEGÓ A SER) muy ahorrador y muy tacaño.
5. Es una mujer increíble. Empezó desde la nada, pero (SE HA HECHO/HA LLEGADO A SER) directora de marketing. Todo lo que es, lo ha conseguido ella sola.
6. Irene me ha contado sus problemas con el trabajo y con la familia y, claro, (ME HE QUEDADO/ME HE PUESTO) muy preocupado.
7. Es una artista autodidacta. Pero, si sigue así, seguro que (SE PONDRÁ/LLEGARÁ A SER) una de las grandes escultoras de este siglo.
8. Resulta que el camarero le manchó un poco el traje y ella (SE PUSO MUY ENFADADA/SE ENFADÓ) mucho con él.

7 Fíjate cómo ha cambiado María su estilo de vida, con el tiempo se ha vuelto más sana.

• Yo antes no me cuidaba nada, fumaba muchísimo, salía todos los días, me acostaba tarde... Al final me puse muy enferma. Me volví muy solitaria y muy rara, no quería ver a nadie.

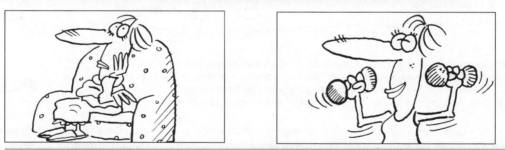

Hasta que un día decidí cambiar de vida, me puse a pensar y me dije: "Voy a dejar de fumar". Ahora me he convertido en una buena deportista. En definitiva, me he vuelto una mujer muy sana.

Escribe tú los cambios más importantes de tu vida. ¿Tienes las mismas aficiones que antes? ¿Haces cosas que antes nunca hacías? Puedes utilizar los verbos del ejercicio anterior (volverse, hacerse, quedarse, ponerse, llegar a ser) y los que tienes en el cuadro.

TRATA DE UTILIZAR

cambiar de + nombre
convertirse en + nombre
transformarse en + nombre
ponerse a + Infinitivo
dejar de + Infinitivo
seguir + Gerundio
terminar + Gerundio

3 EJERCICIOS

8 ¿Te gusta la música clásica? En este concierto pasó algo muy
extraño. Intenta ordenar las frases para averiguar qué ocurrió.

> El público, asombrado, **se quedó mirando** al extraño personaje.

> Como parecía ser un virtuoso del instrumento, la orquesta no paró y **siguió tocando.**

> Iba vestido muy raro, como del s. XVIII, pero **tocaba** el violín con un gusto exquisito.

> Todos estaban maravillados con su arte; el director le cedió su puesto y el violinista misterioso, **sin dejar de tocar**, **se puso a dirigir** la orquesta.

> **Estaban tocando** los músicos los primeros compases del segundo movimiento cuando, de repente, un espectador subió con un violín al escenario.

> Cuando, al final, **terminaron de tocar**, el público se puso a aplaudir sin parar.

> Pero, como por arte de magia, el músico, de repente, había desaparecido. ¿Dónde estaba? ¿Quién era? ¿Había sido el propio Haydn? Nadie lo sabe. A lo mejor...

> Dos minutos más tarde, se apagaron las luces y la orquesta **empezó a tocar** la sinfonía nº 96, *El milagro*, de J. Haydn.

> Desde entonces, la orquesta no **ha dejado de tocar** la sinfonía 96.

> Eran casi las nueve y el concierto **estaba a punto de empezar.**

9 En el ejercicio anterior has podido observar desde cuántos punto de vista
nos podemos referir a la acción de tocar. Ahora, vamos a practicar con la
historia de Manuel. Con ayuda del cuadro, completa el texto usando
estas perífrasis. Ten en cuenta que puede haber diferentes soluciones.

1. Manuel era un hombre tranquilo, aunque un poco triste, al que le gustaba pescar.
Aquel viernes se había levantado temprano. El sol _____ (SALIR) cuando
dejó la casa para acercarse al río. **2.** _____ (ANDAR) pausadamente por el
camino, cuando, de pronto, oyó un ruido extraño detrás de él, que parecía la voz de
una persona. **3.** Se dio la vuelta un par de veces pero, como no veía nada raro,
_____ (CAMINAR) sin preocuparse más.
4. Ya _____ (LLEGAR) cerca de donde estaba el río, cuando aquella voz
extraña _____ (OÍRSE) otra vez, ahora con mayor intensidad.
5. Manuel _____ (MIRAR) fijamente a su alrededor, pero no conseguía ver
nada ni a nadie. **6.** Un rato después llegó al río y _____ (PESCAR)
tranquilamente. **7.** Al cabo de unos minutos, una voz que ahora le resultaba familiar
se dirigió a él. Manuel _____ (PESCAR) y se giró en todas las direcciones,
pero _____ (VER) quién se dirigía a él. **8.** Y, sin saber por qué, de repente,
se dio cuenta de que aquella voz era en realidad su propia voz, de que
_____ (HABLAR) consigo mismo...

TRATA DE UTILIZAR

ir + Gerundio
seguir + Gerundio
empezar a + Infinitivo
seguir sin + Infinitivo
dejar de + Infinitivo
estar a punto de + Infinitivo
estar + Gerundio
volver a + Infinitivo
ponerse a + Infinitivo
quedarse + Gerundio

10 Vas a escuchar a varias personas que hablan de cuatro inventos. ¿Sabes de cuáles de estos nueve se trata?

King Camp Gillette
(1855 – 1932, EEUU)

Zacharias Janssen
(1580 – 1638, Holanda)

Blaise Pascal
(1623 – 1662, Francia)

Cadmo
(s. IX al VIII a. C., Fenicia)

John Mac Adam
(1756 – 1836, Reino Unido)

Adolphe Sax
(1814 – 1894, Bélgica)

Joseph Guillotin
(1738 – 1814, Francia)

Frank McNamara
(1917 – 1957, EEUU)

Ahora, escoge un invento y, sin decir el nombre, dile a tu compañero por qué te parece importante. Él tendrá que descubrir de qué estás hablando. ¿Valora él ese invento de la misma manera que tú? Si queréis, podéis hacerlo con otros inventos.

Piensa en un inventor, artista o político de tu país. Escribe las razones por las cuales le valoras.

Charles Hard Townes
(1915 – 1999, EEUU)

11 Los famosos Premios Nobel se deben a la figura de un prolífico inventor: Alfred Nobel. A continuación, encontrarás algunos datos sobre su vida y su obra. Escoge los puntos que consideres más importantes de cada sección e intenta escribir una breve biografía sobre él.

VIDA

- Nació en Estocolmo (Suecia) en 1833.
- Pertenecía a una familia de ingenieros. Su padre tenía una fábrica de explosivos.
- Era un hombre muy culto. Hablaba cinco idiomas (sueco, ruso, francés, inglés y alemán). Escribió dramas y poesía.
- En el momento de su muerte, poseía una enorme fortuna: tenía 355 patentes registradas y había construido unas 90 fábricas en 20 países.
- Muere en su casa de San Remo (Italia) en 1896.

EL PREMIO NOBEL

- Durante mucho tiempo pensó en donar su fortuna.
- En su testamento ordenó destinar su fortuna a la creación de unos premios dedicados a las personas que produjeran un bien para la Humanidad, en los campos de la Física, la Química, la Medicina, la Literatura y el fomento de la Paz. A partir de 1968, también se concede el de Economía.
- En 1901 se conceden los primeros premios Nobel.
- Los premios Nobel siempre han sido polémicos. Por ejemplo, en 1935, Hitler y Mussolini fueron propuestos para el Nobel de la Paz.

LA DINAMITA

- En 1847, Sobrero, profesor de Alfred, inventa la nitroglicerina, una sustancia con una terrible fuerza explosiva, pero muy difícil de controlar.
- En 1863 Alfred inventa el detonador.
- En septiembre de 1864 muere su hermano Emil y cuatro personas más al producirse una gran explosión de nitroglicerina en su fábrica de Estocolmo.
- En Alemania descubre una arena porosa y absorbente, que mezcla con nitroglicerina. Así consigue una sustancia estable que podía ser transportada sin peligro: la dinamita.

¿Qué opinión tienes de Alfred Nobel? ¿Crees que su legado ha sido beneficioso para la Humanidad? Pregúntale a un compañero qué piensa él.

Así puedes aprender mejor

12 Si lees este artículo, observarás que el autor usa diferentes recursos para no repetir demasiadas veces los tres conceptos subrayados: hombre de Neandertal, homo antecessor y África. **Identifica en el texto cuáles son estos recursos en cada caso (sinónimos, palabras más generales o más concretas, pronombres demostrativos, pronombres personales y posesivos, adverbios, elipsis, etc.).**

El homo antecessor

Los científicos han descubierto que dos de las especies más importantes de homínidos, el homo sapiens y el hombre de Neandertal poseían un antepasado común: el homo antecessor. Este último surgió en África hace unos 800 000 años pero, mientras algunos de ellos se quedaron en este continente, otros emigraron a Europa. De este modo, durante miles de años, el antecesor evolucionó de forma paralela en uno y otro continente. En Europa, evolucionó hacia el homo neandertalensis, mientras que, en el continente africano, lo hizo hacia el sapiens. Más tarde, hace unos 40 000 años, individuos de esta especie llegaron a Europa y, previsiblemente, se encontraron con sus primos europeos. Allí, ambas especies convivieron durante 10 000 años, hasta que la especie originaria de Europa se extinguió. Si hubo mestizaje o no, no se sabe o no hay constancia fósil. A veces se ha dicho que los neandentales desaparecieron porque eran menos inteligentes que el homo sapiens. Pero hoy se sabe que estos homínidos cuidaban a sus enfermos, enterraban a sus muertos, eran buenos cazadores, cocinaban y, probablemente, hablaban. Así que, en circunstancias distintas, tal vez el desenlace hubiera podido ser otro.

Para que nuestro interlocutor sepa de qué tema estamos hablando utilizamos diferentes recursos que aluden a ese tema sin repetirlo. Sinónimos (individuo, persona, ser humano), **palabras más generales** (ser vivo) o **más concretas** (antropólogo), **pronombres demostrativos** (este, aquel), **pronombres personales** (él, ellas) y **posesivos** (mío, suyo), **adverbios** (allí, entonces), **elipsis** (∅), etc. Utilizarlos adecuadamente permite escribir un texto de forma más rica y más ágil, sin tantas repeticiones.

Diario de aprendizaje

Impresiones sobre el progreso en mi competencia de español:

1. ¿En qué aspectos he mejorado?

2. ¿Cómo he conseguido hacerlo?

gente y aventura

1 Lee los textos sobre Guatemala, uno de ellos extraído de una enciclopedia y el otro, de una guía turística. Elige uno de los dos modelos y escribe un texto parecido sobre tu país.

GUATEMALA, estado de América Central, que limita al N y al O con México, al S con el océano Pacífico y El Salvador, y al E con Honduras y el mar de las Antillas. 108 889 Km²; 8 434 000 h., aproximadamente (guatemaltecos). Cap. Ciudad de Guatemala.

GEOGRAFÍA

Guatemala es un país de montañas y lagos. La Sierra Madre de Chiapas penetra en el territorio guatemalteco dividida en dos ramas: Sierra Madre y Cuchumatanes. La Sierra Madre, del lado del Pacífico, origina la meseta central. El volcán del Tacaná (4160 m), en el límite con México, da principio al eje volcánico que se dirige al golfo de Fonseca y forma los volcanes más importantes: Santa María (3768 m), entre otros. Los efectos de las erupciones volcánicas y los terremotos han provocado grandes desastres. Los ríos tienen tres vertientes: la del océano Pacífico, la del Caribe y la del golfo de México. Los lagos ofrecen un gran potencial turístico por su belleza natural y por sus posibilidades de desarrollo.

CLIMA

Aunque situada en zona tropical, Guatemala goza, gracias a sus diferentes niveles, de un clima variado, que va del cálido al frío. La época de lluvias se extiende de mayo a octubre.

GUATEMALA

SI EXISTE UN LUGAR QUE COMBINA CON GRACIA LAS IMPONENTES RUINAS MAYAS CON ALTOS VOLCANES QUE RECORTAN SUS SILUETAS SOBRE EL CIELO; POBLADOS INDÍGENAS CON CIUDADES DE INCREÍBLE BELLEZA ARQUITECTÓNICA; RITOS, CREENCIAS Y FIESTAS RELIGIOSAS CON PAISAJES DE BOSQUES TROPICALES, SELVAS, PLAYAS, LAGOS Y RÍOS, ESTE LUGAR ES SIN DUDA GUATEMALA.

CLIMA

Debido a las diferentes altitudes y desniveles de su territorio, Guatemala experimenta un clima tropical con temperaturas que alcanzan los 30°C durante todo el día, tardes con breves chaparrones y noches algo frescas. La costa del Pacífico y del Caribe es bastante calurosa y húmeda, con temperaturas que sobrepasan los 33°C, al igual que en la selva del Petén, donde es extraño el día que no llueve.

LUGARES DE INTERÉS

Lago Atitlán: con una superficie de 125 Km² y situado a 1560 m sobre el nivel del mar, es uno de los atractivos naturales más conocidos. Rodeado de poblados ribereños, tres volcanes le confieren una belleza paisajística sin igual. De entre las 12 poblaciones situadas alrededor del lago, Panajachel es el centro turístico y punto de partida de las embarcaciones que surcan el lago.

2 Paula y Victoria viven en Toledo y se van de viaje a una convención de trabajo en Gijón (Asturias), de viernes a domingo. Las dos son muy precavidas. Lee los comentarios que han hecho mientras preparaban el equipaje.
¿Te parecen normales las precauciones que toman? ¿Alguna de ellas te parece exagerada? ¿Cuál? Marca con una cruz las cosas que tú también harías.

VICTORIA

☐ Ya sé que es verano, pero yo me llevo el pijama de invierno, los calcetines de lana y una chaqueta gordita, que en esos hoteles **nunca se sabe**. Seguro que tienen el aire acondicionado a tope.

☐ ¿Sabes si tenemos seguro de viaje? Yo siempre que viajo me lo hago, **por si las moscas**. Que te puede pasar cualquier cosa en un viaje como éste.

☐ Hay una excursión a Covadonga el sábado. Creo que esa carretera tiene un montón de curvas, voy a coger las pastillas **por si** me mareo.

☐ Me llevaré el traje de baño. **A lo mejor** en el hotel hay piscina y **nunca se sabe**. Si nos queda un hueco en el programa, podremos darnos un chapuzón.

PAULA

☐ Llevo el paraguas, **que** en esa zona suele llover.

☐ Siempre llevo unas gafas de repuesto. Tú imagínate que pierdo éstas y no puedo leer mi presentación. **Hay que pensar en todo.**

☐ Tengo que acordarme de dejar a mi familia los datos del hotel, sobre todo el teléfono, **no vaya a ser que** pase algo y tengan que localizarme.

☐ **No sé si** habrá secador de pelo en la habitación, me llevaré el mío **por si acaso.**

Y tú, ¿qué incidentes sueles prever cuando te vas de viaje? Escribe 5 frases como las de Paula o las de Victoria. Trata de utilizar los recursos resaltados en negrita.

3 Carlos, que es muy precavido, se va una semana a un balneario de lujo en la sierra. ¿Qué diría respecto a las siguientes cuestiones? Puedes usar los recursos resaltados en negrita del ejercicio anterior.

> Hilo y aguja.
> Gorro para el sol.
> Repelente para los mosquitos.
> Traje de fiesta.
> Antialérgicos.
> Betún para los zapatos.
> Placa con el grupo sanguíneo.
> Los teléfonos de la policía, los bomberos, los hospitales de urgencia, etc., grabados en el móvil.

4 Completa estas frases:

– Hemos recibido una carta del banco: estamos sin saldo, me temo que tendremos que pedir dinero a tu hermano.

– No queda ni una entrada para el concierto del domingo _____.

– _____ no habrá más remedio que llamar al fontanero.

– Tenía el billete a Sevilla para el día 28 y resulta que me han puesto un examen para ese mismo día _____.

– Tiene muchos problemas en el colegio, _____.

– _____, le diré que tiene que irse a otro piso, esto no puede seguir así.

– _____, me temo que tendré que ponerme gafas.

– _____, creo que hay que retrasar la fecha de entrega, no hay más remedio.

– Los pisos en esta zona están carísimos _____.

5 Gema siempre ve las cosas de forma muy positiva. No le pasa lo mismo a Raúl. Completa las casillas que faltan.

1 ● Me apetece muchísimo ir de excursión al Delta. En esta época del año a lo mejor vemos flamencos.
   ○ Flamencos no sé. Pero lo que sí habrá son mosquitos; eso seguro. Ya verás, el lunes volveremos a casa totalmente acribillados.

2 ● He quedado con Javier y con César. A lo mejor nos llevan a aquel restaurante indio tan bueno.
   ○ _____

3 ● Pues este piso es muy barato para la zona donde está. Quizás es porque el dueño tiene prisa en venderlo.
   ○ _____

4 ● Voy al dentista. No sé cuánto tardaré en volver. Creo que estaré de vuelta para la comida.
   ○ _____

5 ● _____
   ○ No sé... Es una materia muy nueva. No creo que los profes que la dan tengan conocimientos sobre el tema.

6 ● Estoy llamando a mi familia y no contestan. Habrán decidido pasar el fin de semana en la costa.
   ○ _____

Intenta escribir dos predicciones más sobre algún tema que te interese. Tu compañero reaccionará ante ellas de forma optimista o pesimista.

6 De estas cuatro conversaciones, ¿cuál corresponde a esta situación?

> Alguien que no llega a una reunión importante a primera hora de la mañana.

- No creo que le pase nada, todo el mundo tiene un mal día, ¿no?
- ○ Sí, habrá discutido con su novia.
- ■ O estará un poco cansado, últimamente trabaja mucho.
- ❑ Quizá se ha enfadado por lo de la reunión del viernes.

- Quizás ha cambiado de dirección.
- ○ ¿Sabes?, puede que esté de viaje, últimamente no para en casa.
- ■ Pues yo creo que estará pensando la respuesta.
- ❑ Probablemente preferirá llamarte por teléfono.

- Se habrá quedado dormido.
- ○ O igual está ya de camino.
- ■ Seguro que salió ayer hasta las tantas y ahora no puede ni levantarse.
- ❑ Oye, puede que esté enfermo y se haya quedado en cama. Ayer tenía mucha tos.
- ▲ Entonces, no creo que venga.

- ¿Se le habrá acabado el presupuesto?
- ○ No creo, seguramente lo acabará cuando haga mejor tiempo.
- ■ Igual piensa dejarlo así.
- ❑ O quizás esté esperando a que le den la subvención.

¿A qué otras situaciones corresponden las tres restantes?

Imagina, ahora, una conversación entre tres personas y escribe las diferentes hipótesis que podrían hacer en las siguientes situaciones:

- – Un amigo les ha escrito un correo electrónico diciendo que la próxima semana se va a vivir a Singapur.

- – Se han enterado de que una amiga que pensaba casarse el mes próximo, de repente ha decidido romper su compromiso.

7 Paco, Carmen e Isabel hablan de distintos temas. ¿Cuáles son? Escríbelo en la primera columna. Después, marca en la casilla correspondiente el grado de certeza con el que se expresan sobre estas cuestiones.

		Muy seguro	Poco seguro	Nada seguro
Paco	Acabará sus estudios.	X		
	Pedirá una beca.			
Carmen				
Isabel				

8 Lee este artículo sobre las costumbres de los españoles al planificar sus vacaciones, ¿crees que, en general, son precavidos?

VIDA

EL TURISMO EN ESPAÑA

En general los españoles que viajan cuando tienen vacaciones prefieren el turismo interior. Es decir, la mayoría de desplazamientos se producen entre las distintas comunidades españolas. Los que deciden salir fuera, lo hacen a países europeos, sobre todo, a Francia y a Portugal. Los destinos internacionales más buscados entre los españoles son EEUU y Marruecos.

Lo más importante a la hora de planear las vacaciones es la diversión. Sus actividades favoritas durante las vacaciones son las compras, el descanso, disfrutar de la playa y visitar a familiares y a amigos.

Los españoles no planifican sus vacaciones con mucha antelación. La mayoría de los viajes se lleva a cabo sin haber hecho ningún tipo de reserva, y cuando las salidas son de corta duración (menos de cuatro días), se planifican el día anterior o el mismo día de salida. Sin embargo, en los desplazamientos de larga duración se muestran más precavidos: los planean, al menos, con una semana de antelación.

Escucha la encuesta a estas personas que hablan sobre sus próximas vacaciones de verano. ¿Cuándo suelen planificarlas? La encuesta se realizó en marzo. ¿De qué temas está pendiente cada uno de los encuestados para tomar decisiones?

Según / Depende de...

1. del dinero que consiga ahorrar y...   2. _____

3. _____   4. _____

¿Responden los encuestados al perfil que presenta el texto?
¿Cómo es esta cuestión en tu país? Escribe un pequeño texto.

9 Relaciona cada una de las intervenciones con las reacciones a ellas.

INTERVENCIONES
1 Oye, que yo también friego los platos y pongo la mesa...
2 ¿Y fuisteis a celebrarlo?
3 ¿Estuvisteis mucho tiempo en casa de Teresa?
4 Pasaré por tu casa un día de estos a buscar aquellos libros que te dejé.
5 ¿Y vas a estar mucho tiempo sin hablarle?
6 ¿Le devolverás el dinero que le debes?
7 ¿Sigues yendo al gimnasio?
8 Oye, ¿me avisarás cuando salga la nota de química?

REACCIONES
a Cuando quieras.
b No, hasta que vinieron a buscarnos.
c Sí, en cuanto acabó el partido.
d Sí, cuando quieres.
e Sí, en cuanto pueda.
f No sé, hasta que cambie de actitud.
g Sí, tan pronto como salga, te aviso.
h Hombre, cuando puedo.

10 Lee las siguientes respuestas y marca con + las que manifiestan intención de realizar algo muy pronto y con – las que no.

1. ¿Puedes llevar estos paquetes a correos?
   Sí, en cuanto termine esto.   ☐
   Sí, cuando tenga un momento.   ☐
   Sí, enseguida.   ☐

3. ¿Escribimos el informe?
   Sí, cuanto antes mejor.   ☐
   Sí, cuando acabemos esto.   ☐
   Tan pronto como acabemos esto.   ☐

2. ¿Cuándo vas a llamar a Pepe Ramírez?
   Cuando pueda.   ☐
   Ahora mismito.   ☐
   Cuando haya acabado esto.   ☐

4. ¿Vas a comprar las entradas para el concierto?
   Sí, cuando tenga un momento.   ☐
   Sí, en cuanto acabe de arreglar esto.   ☐
   Sí, cuando haya acabado de arreglar esto.   ☐

⓫ Completa estas frases con las opciones del cuadro que las acompaña. En cada bloque hay un tiempo verbal que no encaja. ¿Cuál? ¿Por qué?

Esperé allí hasta que _____.
Esperaré allí hasta que _____.
Normalmente le espero allí hasta que _____.

llegue	llegó
llegará	llega

No me moveré de aquí hasta que _____.
No me moví de aquí hasta que _____.
No me he movido de aquí hasta que _____.

me llama	me llame
me ha llamado	me llamó

No le he vuelto a hablar hasta que _____ perdón.
No le volveré a hablar hasta que _____ perdón.
No le volví a hablar hasta que _____ perdón.

me pide	me haya pedido
me ha pedido	me pidió

Estuve callada hasta que él _____ de hablar.
Estaré callada hasta que él _____ de hablar.
Normalmente estoy callada hasta que él _____ de hablar.

acaba	acabará
acabe	acabó

⓬ ¿Recuerdas los verbos irregulares en P. Indefinido? Te será útil revisarlos para formar los irregulares del P. Imperfecto de Subjuntivo. Completa el cuadro.

VERBO	P. INDEFINIDO (3ª pers. Plural)	P. IMPERFECTO DE SUBJUNTIVO
decir	dijeron	dijeran
hacer		
dar		
querer		
venir		
poder		
saber		
poner		
caber		
haber		
tener		
estar		
andar		
ir		
traer		

Utiliza alguno de estos verbos en Imperfecto de Subjuntivo para completar estas frases.

1. ¿Qué harías si en el restaurante te _____ una botella de vino carísimo, invitación de un atractivo desconocido?

2. ¿Qué harías si el vecino al que odias te _____ que se ha enamorado de ti?

3. ¿Qué harías si este mes no _____ pagar al banco la hipoteca del piso?

13 Raquel quiere practicar submarinismo, que es un deporte de riesgo; por eso ha estado estudiando para pasar el examen que le permitirá obtener el certificado de submarinista. ¿Podrías completar las preguntas del examen?

Principales riesgos de la práctica del submarinismo:

– corrientes submarinas
– animales peligrosos
– mar agitada
– oscuridad
– rocas
– mareas
– dolores de oído al descender

– mareos en profundidad (narcosis)
– calambres
– frío
– fatiga
– desorientación
– ataque de pánico

– rotura o pérdida de las gafas de bucear
– accidente de descompresión al ascender
– falta de oxígeno en las botellas
– pérdida del cinturón de lastre

1. ¿Cómo reaccionarías si se te rompieran o perdieras las gafas?

_____

2. ¿Qué harías si notaras dolores en el oído al descender?

_____

3. _____

_____

4. _____

_____

5. _____

_____

6. _____

_____

7. _____

_____

8. _____

_____

¿Sabrías contestar alguna de las preguntas del examen?

Escucha a Raquel hablando con sus compañeros a la salida del examen. Ellos tienen las respuestas.

4 AGENDA

14 **Lee estas frases que reflejan diferentes usos de POR/PARA. Relaciona cada uso de la columna de la derecha con dos de estas frases.**

1. Mira este espejo antiguo, lo compré solo <u>por</u> 15 euros.
2. Esta crema es la mejor para acabar con el dolor de espalda.
3. Quiero que lo tengas preparado para el día de la reunión.
4. No quedan billetes para Zaragoza.
5. Esa calle está por la zona de Vallecas.
6. Me llevo estos libros, son para Carlos.
7. ¿Lo de la crisis del petróleo? Eso debió de ocurrir por los años 70.
8. Me apetece tomar el aire. Voy a dar una vuelta por la plaza Mayor.
9. Tienes que entrar en Sevilla por el puente de Triana.
10. Dicen que el accidente se produjo por un exceso de velocidad.
11. Carlos está enfermo. ¿Puedes dar tu la clase por él?
12. Este mueble es para la casa que tenemos en el campo.
13. ¿Para la estación del Norte? Todo recto y la primera a la derecha.
14. Éste es el mejor libro para preparar ese examen.

> **PARA**
> finalidad
> límite en el tiempo
> destino
> destinatario

> **POR**
> causa
> intercambio
> aproximación: lugar,
> tiempo tránsito

Ahora, escribe cuatro frases que reflejen diferentes usos de POR y PARA. Léeselas a tu compañero que dirá a qué uso hacen referencia.

★ Así puedes aprender mejor

15 **Uno de los rasgos que caracteriza la conversación coloquial es la alternancia de turnos no predeterminada. En español la toma y la cesión del turno se efectúan de forma muy dinámica y requieren una cierta agilidad y el desarrollo de estrategias de interacción. Observa en el siguiente texto en qué palabras se apoya el interlocutor para tomar el turno.**

- A mí me gustaba Gran Hermano, puro...
o ¿Por qué? ¿Por qué?
  • ¿Por qué? Por el morbo.
  o Un programa donde...

■ Bueno, pues...
o Ni morbo... Un programa destructivo, barato...
  ■ Te estás contradiciendo. Si estás diciendo...
- No me estoy contradiciendo... Lo que yo defiendo es que Operación Triunfo es otro Gran Hermano..., otro tipo un poco más elegante, sí, tal vez sí, pero no es nada más...
o ¡Ah!, amiga, un poco más elegante...
- Lo único que lo diferencia es...
■ Ah, no, no, no; no es un pelín...
  o Mucho más elegante...
- ¿Mucho más elegante?
o Hombre...
- Han cogido un poquito de...
  (...)
■ ...hazle caso a Pablo que él es músico y él sabe...
  • ¿Eres músico?
o ¡Ah! ¿Sí?
- No sabía...
o Y, ¿qué? Desde el punto de vista de un músico..., ¿qué?
□ Hombre está bastante bien. (...)

¿Se da este mismo fenómeno en tu lengua? ¿De qué manera?

La repetición de lo último que ha dicho el interlocutor puede ser un buen recurso para tomar el turno: ah, amiga, un poco más elegante..., o la intensificación: mucho más elegante... O el uso de algunos marcadores: bueno pues..., hombre...
En general, en una conversación de tono informal y relajado, los hablantes esperan un juego de alternancias de turnos. En general no se sentirán ofendidos por la toma de turno de otro participante, ya que además cuentan con estrategias para recuperar la intervención si les conviene.

36
Treinta y seis

Diario de aprendizaje

Impresiones sobre el progreso en mi competencia de español:

1. ¿En qué aspectos he mejorado?
2. ¿Cómo he conseguido hacerlo?

_____

_____

_____

_____

_____

_____

_____

_____

_____

_____

_____

_____

_____

_____

_____

_____

gente con derechos

1 Un representante de la industria farmacéutica y un miembro de una asociación ecologista participan en un debate sobre los experimentos con animales en la investigación médica. Escucha y anota los argumentos que defiende cada uno de ellos.

Representante de la industria farmacéutica	Miembro de una asociación ecologista
1. La experimentación con animales tiene una finalidad moral, que es prevenir enfermedades del hombre.	1.
2.	2.
3.	3.
4.	4.
...	...

¿Con cuál de estas dos posturas estás de acuerdo? Usando algunos de los siguientes recursos, crea frases que expongan los argumentos que te parezcan más convincentes y añade algunos nuevos si lo consideras necesario.

1. _____ podrá ser muy _____, pero más lo es _____.
2. _____ tal vez no tenga _____, pero sí tiene _____.
   Y además _____.
3. No sólo es que _____, sino que además _____.
4. Si bien es indiscutible que _____, también es cierto que _____.
5. En un primer momento puede parecer que _____. Ahora bien, si lo miramos con más calma, _____.
6. Es verdad que no es lo mismo _____ que _____, pero tampoco es lo mismo _____ que _____. Así que, ¿ _____?
7. Está claro que _____, pero _____.
8. Aunque pueda parecer que _____, en realidad _____.
9. Es absolutamente necesario que _____, a no ser que _____.
   ...

¿Todos pensáis del mismo modo en clase? Busca a otros compañeros que piensen como tú y luego, en pequeños grupos, contrastad vuestras opiniones con las de otros compañeros que piensen de forma diferente.
¿Sabes qué son las rebajas? La revista AECON ha elaborado un informe

2 sobre las irregularidades que cometen algunos comercios durante este periodo. Escoge las cinco que consideres más graves.

LAS RE**B**AJAS,

¿rebajan nuestros derechos?

AECON
ASOCIACIÓN EUROPEA
DE CONSUMIDORES

– El 55% de los establecimientos que anuncian rebajas no expone de forma visible la fecha de inicio y la de fin de éstas.

– Algunos comercios se niegan a admitir devoluciones de artículos defectuosos o con desperfectos comprados durante las rebajas.

– En un 34% de establecimientos los artículos rebajados no están separados de los que no lo están.

– El 30% de los establecimientos no admite devoluciones de los artículos adquiridos durante este período. Dentro de los que sí las admiten, un 82% lo hace por otro artículo o por un vale, y solo el 8% devolviendo el importe en metálico.

– En el 92% de los establecimientos no existe un cartel que anuncie si se admiten o no devoluciones.

– El 3% de los artículos rebajados son defectuosos.

– En el 13% de las etiquetas no aparece el precio original junto al rebajado.

– En un 23% de comercios no se admite el pago con tarjeta de crédito en período de rebajas.

– En el 32% de los establecimientos, los artículos del escaparate no indican los precios.

Ahora, imagina que eres el delegado de una asociación de consumidores y que te entrevistan en televisión, ¿qué argumentos puedes formular para denunciar, hacer propuestas o sugerir soluciones?

● Las autoridades deberían exigir que los comercios aceptasen la compra con tarjeta de crédito durante todo el año.

TRATA DE UTILIZAR

Las tiendas están obligadas a + Infinitivo
Las autoridades deberían + Infinitivo

Debería estar prohibido + Infinitivo
                              que + Subjuntivo

Habría que + Infinitivo
Deberían/tendrían que + Infinitivo
Sería conveniente que + Imperfecto de Subjuntivo
Es ilegal que + Subjuntivo

3 En el inmueble donde vives se van a realizar unas reformas muy necesarias que os causarán, a ti y a tus vecinos, bastantes molestias. La Comunidad de vecinos hizo una reunión para establecer las condiciones en las que se deberían realizar las obras. Tú, como secretario, tomaste unas notas; así que debes redactar el acta de la reunión y establecer las condiciones.

TRATA DE UTILIZAR

siempre que + Subjuntivo
siempre y cuando + Subjuntivo
con tal de que + Subjuntivo
si prometen que + Futuro
si se comprometen a + Infinitivo
si se garantiza que + Subjuntivo

Acta de la reunión sobre las próximas reformas del inmueble situado en c/ Europa, 113, 28010, Madrid.

– La Comunidad de vecinos acepta que haya cortes de agua durante 72 horas, siempre y cuando éstos se realicen a partir de las 10h.

1. Las obras se realizarán durante los meses de noviembre y diciembre
→ Horario: 8-13hs
15-19h
Excepto sábados →9-15h

2. 72 horas sin agua → A partir de las 10h

3. 3 días sin calefacción → Avisar con antelación

4. Cambiar tuberías de gas → 1º los vecinos del (15 horas de trabajo) 1º, 2º y 3º
Después, los del 4º y 5º

5. Realizar mejoras en la instalación eléctrica (6 horas) → Realizar a media mañana

6. 4 días con cortes en el suministro eléctrico (10 horas diarias) → Después de las 10'30h

7. 2 días sin ascensor → Viernes y sábado

8. Los sacos de cemento permanecer en el portal → En la parte trasera, al lado de los ascensores

4 Aquí tienes cuatro frases con recursos para expresar inicio. ¿En qué contextos crees que se han dicho estas frases?

– Queda claro, ¿verdad? **De ahora en adelante,** aquí se viene con corbata.
– Puede venir a recoger las fotos **a partir del miércoles.**
– **A partir de este año** todas las familias con hijos menores de 5 años percibirán una ayuda de 1000 euros anuales por hijo.
– **A partir del próximo 1 de enero,** la tarifa plana de Internet, más barata todavía.

¿Qué cosas crees que dirían estas personas para hablar del futuro? Puedes usar los recursos de las frases anteriores.

| una persona recién jubilada a un amigo | el hombre del tiempo | una pareja que acaba de tener un hijo | alguien que ha decidido hacer régimen | tú |

5 La organización Amnistía Internacional denuncia todos los años las
violaciones de los derechos humanos que se producen en el mundo.
¿Sabes cómo se formulan estos derechos en español? Intenta
relacionarlos con los casos que denuncia A. I.

Declaración de Derechos Humanos de Naciones Unidas

A. **Toda persona tiene derecho a** la vida, a la libertad
y a la seguridad de su persona.
B. **Nadie podrá** ser arbitrariamente detenido, preso ni
desterrado.
C. **Todo individuo tiene derecho a** la libertad de
opinión y de expresión.
D. **Todos los seres humanos** nacen libres e iguales (...)
sin distinción alguna de raza, color, sexo, idioma,
religión u opinión (...) y son iguales ante la ley.

Datos obtenidos del Informe 2001 de Aministía Internacional

1. En varios países se reprimió la libertad de expresión en el
periodo previo a la elección de un nuevo presidente.
2. Más de 3 000 personas fueron condenadas a muerte en
65 países.
3. Hubo casos de detenciones sin juicio en 72 países.
4. En varios países hubo una gran discriminación de ciertas
minorías étnicas.

Las siguientes informaciones se refieren a la violación de otros tantos
derechos de las personas. ¿Puedes formular esos derechos? Las
expresiones que tienes a continuación te pueden ser útiles.

> libertad de expresión/de conciencia/de cátedra/religiosa/ideológica
> derecho de asociación/a la educación/al trabajo/a la integridad física
> igualdad de derechos/oportunidades
> (sin) discriminación por razón de sexo/raza/religión

1. Según los informes, la policía torturó o causó malos tratos a personas en 125 países.

   Nadie será sometido a torturas ni a penas o tratos crueles, inhumanos o degradantes.

2. En algunos países, las mujeres no pudieron acceder a la universidad ni trabajar.

   _____

3. En ciertos países, la represión contra grupos religiosos y contra movimientos espirituales no permitidos fue
imparable y sus seguidores, detenidos.

   _____

4. En un país, la erupción de un volcán dejó a más de 500 000 personas sin techo. Dos años después, siguen
sin tener una vivienda.

   _____

5. A personas que habían escapado de su país por defender ideas políticas diferentes de las del régimen
establecido, se les negó asilo político al llegar a otro país.

   _____

¿Tienes acceso a Internet? Puedes mirar cómo están escritos los
artículos de la Declaración Universal de Derechos Humanos en
http://www.un.org/spanish/aboutun/hrights.htm

6 ¿Estás de acuerdo con estas opiniones? Responde a estas afirmaciones escogiendo una de las alternativas, según tu opinión, y subráyala. Luego, añade una justificación sin utilizar porque.

1 • A mí, los anuncios de la tele me parecen cada vez más ingeniosos.
   o Es que lo son/<u>Pues a mí no me lo parecen.</u>

   ■ A mí, lo que me parece es que cada vez son más agresivos.

2 • Con la globalización, las libertades del individuo están en peligro.
   o Sí, sí que lo están/No, no hay peligro, no lo están.

   _____

3 • La clonación de seres humanos es un gran avance para la ciencia.
   o Sí lo es/No, no lo es.

   _____

4 • Los no fumadores están siendo muy intransigentes con la gente que fuma.
   o Bueno, lo están siendo en algunos países/Pues yo creo que no lo están siendo tanto.

   _____

5 • Los políticos, en general, me parecen gente honrada.
   o A mí también me lo parecen/Pues, para mí, no lo son (nada).

   _____

Fíjate en el uso del pronombre neutro **lo** que aparece en las frases anteriores. Subraya en cada una el fragmento sustituido por **lo**. ¿Qué elementos lo integran? ¿Qué piensas tú de las siguientes afirmaciones?

1 • Las ondas de los teléfonos móviles son perjudiciales para la salud.
   o A mí me parece que no lo son.

2 • El cine europeo me parece más interesante que el de Hollywood.

   o _____

3 • Las mujeres hoy en día están más preparadas que los hombres.

   o _____

4 • Las cantidades de dinero que ganan los futbolistas me parecen desorbitadas e injustas.

   o _____

5 • ¿Es Internet un vehículo de acceso a la información al alcance de todos?

   o _____

6 • Los niños son cada día más agresivos y maleducados.

   o _____

7 ¿Qué argumento añadirías a las frases de la izquierda? Intenta encontrarlo en la parte derecha.

• No sé qué le pasa, que últimamente no come carne, ni verduras...
• Mira, no tengo tiempo ni ganas para escuchar tonterías.
• Pues es una persona muy atenta y educada.
• Es una mujer de mundo. Ha vivido en Canadá, en Brasil y en Hungría.
• No quiero verte más aquí: ni trabajas, ni estudias, ni nada.
• Es un coche potente, resistente y rápido.
• Le he dejado dinero, le he hecho no sé cuántos favores.

1 **E incluso** creo que estuvo un tiempo en Sudán.

2 **Y encima,** en casa no das golpe.

3 **Incluso** nos ha invitado a unos cafés hoy.

4 **¡Ni siquiera** toma unas vitaminas o algo!

5 **Y también** económico para su clase.

6 **Así que** dime qué quieres, que estoy muerta de cansancio.

7 **¡Y ni siquiera** lo conozco!

8 A veces, para defender nuestros derechos, tenemos que exagerar la situación que queremos mejorar. El Club de Fumadores Rebeldes y la Liga Antitabaco Radical están redactando, cada uno de ellos, un panfleto de conducta, para sensibilizar a los contrarios sobre su situación. ¿Con qué postura te sientes más identificado? ¿Puedes ayudar "a los tuyos" a terminar de escribir su panfleto?

CLUB DE FUMADORES REBELDES

1 A partir de ahora, se podrá fumar en cines, en hospitales y en colegios. En los aviones, se regalará a todos los pasajeros un paquete de cigarrillos junto con el periódico.
2 Todo el mundo tendrá la obligación de respirar humo de tabaco una vez al día, por lo menos.
3 (Tirar colillas al suelo.)
4 (Fumar mientras otros comen.)
5 (Lugares para comprar tabaco.)
6
7
8

LIGA ANTITABACO RADICAL

1 A partir del próximo año, queda prohibido fumar en el domicilio particular, incluso si la persona vive sola.
2 Nadie podrá vender tabaco. Las personas que lo vendan serán condenadas a tres meses de ejercicio físico en el campo.

3 (Cárceles para fumadores.)
4 (Utilizar encendedores y cerillas.)
5 (Cultivar tabaco.)
6
7
8

9 ¿Sabes alguna adivinanza en español? A continuación tienes algunas. ¿A qué animales se refieren?

Me llaman Leo, mi apellido Pardo; quien no lo adivine es un poco tardo.

Tengo alas y pico y hablo y hablo sin saber lo que digo.

Se ha subido por los plátanos, baja los cocos que ves, tiene los pies como manos y las manos como pies.

Vivo en el mar sin ser pez y soy siempre juguetón; nunca me baño en el Rhin, pues soy el mismo del fin.

Mi casa la llevo a cuestas, tras de mí dejo un sendero, soy lento de movimientos, y no le gusto al jardinero.

Del trabajo soy amiga, y por él adquirí fama; mi nombre, sin que lo diga, es la palabra que falta en "¹ cigarra y la ...".

Salta y salta por los montes, usa las patas de atrás; su nombre ya queda escrito, fíjate y lo verás.

En parejas, pensad en un animal. ¿Os atrevéis a escribir una adivinanza sobre él? Luego, en clase, podéis jugar a ver quién las adivina antes.

gente con derechos

10 Algunos animales emiten sonidos para comunicarse entre ellos. En español, decimos que 'hacen' estos sonidos. ¿Qué animales crees que son?

SONIDOS	ANIMAL
¡guau-guau!	un
miau-miau	un
muuuuuuuuuu	una
pío-pío-pío	un
beeeeee, beeeeeee	una
¡kikirikí!, ¡kikirikí!	un
cua-cua, cua-cua	un
¡hiho! ¡hiho! ¡hiho!	un
croac-croac	una

¿Qué sonidos 'hacen' en tu idioma o en algún otro que conoces? Coméntalo con tus compañeros.

Así puedes aprender mejor

11 Fíjate en estos diálogos. ¿Puedes interpretar lo que se dice en los fragmentos subrayados? ¿Qué te imaginas que significan? ¿En qué te apoyas? ¿Con el significado literal de las palabras tienes suficiente información para entenderlo?

- Quería llevarte al museo de arte contemporáneo, pero mejor te llevo al cine, ¿no?
- ¿Y a ti <u>quién te ha dicho que</u> no me gusta el arte?

- <u>¿A que no sabes</u> a quién he visto hoy?
- ¿A quién?

- ¡Me encanta la cocina china!
- <u>¿Desde cuándo?</u>

Seguro que en tu lengua tú también utilizas algunas frases o expresiones que quieren decir otra cosa diferente a lo que significan si las analizas palabra a palabra.

En una conversación no podemos analizar las palabras de nuestro interlocutor de manera independiente. En muchas ocasiones, utilizamos expresiones que no significan lo que podríamos interpretar si hiciéramos una lectura de cada una de sus palabras por separado. En todas las lenguas existen frases y expresiones que no se pueden interpretar literalmente, palabra por palabra; así que debemos fijarnos además en el contexto. Es decir, hay que tener en cuenta la situación en la que se produce esa conversación, las personas que intervienen en ella y, sobre todo, la intención del hablante.

Diario de aprendizaje

Impresiones sobre el progreso en mi competencia de español:

1. ¿En qué aspectos he mejorado?

2. ¿Cómo he conseguido hacerlo?

_____

_____

_____

_____

_____

_____

_____

_____

_____

_____

_____

_____

_____

_____

_____

_____

_____

gente con corazón

❶ **¿Cómo fueron estas épocas o situaciones? Usa un elemento del apartado 1 y otro elemento de 2A o 2B para formular valoraciones.**

1. Estuvimos tres meses en una isla del Pacífico. Solos los dos, con tiempo para todo, sin problemas de trabajo.

   Fueron unos meses inolvidables.

2. Estuve todo julio y agosto encerrado en casa terminando el proyecto de fin de carrera. Hacía un calor horrible y todos mis amigos se habían ido de vacaciones.

3. Hacia las dos de la madrugada vinieron los bomberos, tiraron la puerta del 3ºA, luego vino la policía y estuvieron interrogando a todos los vecinos hasta las 6h.

4. El autobús era incomodísimo, el viaje duró catorce horas, el hotel era ruidoso y sucio y, encima, la pesada de Luisa, que hablaba todo el tiempo.

5. Jerónimo estuvo desde las ocho hasta las cuatro de la mañana en la unidad de cuidados intensivos. Estaba muy mal y los médicos no nos daban ninguna esperanza.

6. Yo tenía dieciocho años. No tenía nada de dinero y estaba solo en la ciudad, sin amigos, sin familia. No encontraba trabajo y tenía que estudiar mucho.

7. Había muy buen ambiente entre los compañeros de clase, nos reíamos mucho y el profesor era muy bueno.

8. Desde el principio, nos llevábamos muy mal, siempre discutiendo, siempre enfadados hasta que nos separamos. Éramos incompatibles.

9. He estado toda la mañana corriendo de un lado a otro de la ciudad en metro, y, para colmo, no he resuelto nada.

10. El policía me ha dicho que le entregara mi pasaporte y que no podía tomar el avión. Sin más explicaciones. En tan solo unos minutos se ha aclarado todo pero... ¡Uf!

1 una noche una semana	**2A** Del/de la/de los/de las que tengo...
un curso un viaje	... muy buenos recuerdos
unos años una época	... muy malos recuerdos
una temporada unas navidades	

2B

muy	terrible	pesado
nada	difícil	intenso
...	fácil	duro
	divertido	interesante
	fantástico	raro
	horroroso	

un verano   unas semanas
tres años   unos días
unos momentos   unas horas

¿Lo hacemos al revés? Inventa situaciones o épocas que justifiquen estas valoraciones.

_____ Fue una época muy dura para toda la familia.
_____ Fueron las mejores vacaciones de mi vida.
_____ Ha sido un verano horroroso.
_____ Fueron unas navidades espantosas.
_____ No fue una época nada fácil.
_____ Han sido unas semanas inolvidables.
_____ No fue una noche muy divertida.
_____ Han sido unas horas pesadísimas.

Ahora, observa las frases anteriores y piensa: ¿Qué tiempos del pasado hemos utilizado para describir acciones o acontecimientos? ¿Qué tiempos hemos usado para valorar globalmente la etapa a la que nos referíamos?

2 Lee los pares de frases de la izquierda.
¿Cuál de las dos corresponde al contexto o a la explicación de la columna de la derecha?

| Julián no soporta que le lleven la contraria. |
| Julián no soportaba que le llevaran la contraria. ✗ |

Hablan de un antiguo jefe con el que ya no mantienen contacto.

| Le encanta que le regales libros. |
| Le ha encantado que le regalaras libros. ✗ |

Para su último cumpleaños, le has regalado libros, cosa no habitual.

| Arturo odiaba que le mintieran. ✗ |
| Arturo odia que le mientan. |

Arturo murió.

| A Elisa le gusta que le digas las cosas claras. |
| A Elisa le ha gustado que le dijeras las cosas claras. ✗ |

Acabas de hablar con Elisa, de forma muy sincera, de un tema desagradable.

| No le interesa que la nombren jefa del departamento. |
| No le interesaba que la nombraran jefa del departamento. ✓ |

Le ofrecieron un puesto en la Dirección y no lo aceptó.

En las frases de la columna izquierda hay construcciones con Subjuntivo que expresan actitud o sentimiento ante las acciones de otros. Trata ahora de formular una regla sobre las correspondencias entre los tiempos verbales.

Ahora, inventa tú cuatro frases del mismo tipo para referirte a situaciones pasadas o presentes (con los verbos principales en Presente, Pretérito Perfecto, Pretérito Indefinido y Pretérito Imperfecto). Piensa en personas de tu entorno familiar, profesional o académico.

Si el verbo principal está en Presente, el verbo de la frase subordinada…
Si…
Sí…

3 En una entrevista, Laura, una escritora ya anciana que acaba de publicar sus memorias, recuerda cómo eran sus abuelos, sus padres y sus hermanos. ¿De qué personas de las que habla podemos afirmar que todavía viven? ¿Cómo continuarías estos fragmentos?

Mamá tenía muy mal genio y le ponía muy nerviosa que los niños jugaran en el salón cuando había visitas.
Eva, la pequeña, era una persona un poco egoísta. Siempre quería que…
Anita, que era dos años menor que yo, era muy tímida y no soportaba que…
El abuelo era un hombre maravilloso. Siempre estaba alegre y no aceptaba que nadie…
Papá era una persona un poco especial. Le gustaba estar solo y no toleraba que…
A Pablo, el segundo, le fascina que…
A Vicente, el mayor, toda la vida le ha encantado que…
Raúl, el tercero, estaba muy unido a la familia y no soportaba que…
A la abuela le gustaba mucho que los niños… pero no nos permitía que…
A Marina siempre le ha sentado fatal que los otros hermanos…

4 Isaac habla de su jefa actual y también se refiere a su antigua jefa. ¿Puedes distinguir de quién habla en cada caso?

	1	2	3	4	5	6	7	8
Isaac habla de su jefa actual		X		X	X		X	
Isaac habla de su ex jefa	X		X			X		X

¿Crees que las dos personas de las que habla se parecen en algo? ¿En qué? Formúlalo.

5 Aquí tienes un fragmento de un correo en el que Elvira le cuenta a su hermana cómo está viviendo su reciente separación. ¿Cómo encajarías las expresiones de la lista en el texto?

Ser una persona	maravillosa.	Ser	un hombre	maravilloso/a.
	muy introvertida.		una mujer	especial.
	muy sociable.			
	muy independiente.			

No ser una persona corriente.
Tener un corazón muy grande.

Ser un/a   egoísta.   Pensar sólo en sí mismo.
un/a pelma.
un encanto.

✓ QP   ✓ 🖫   ✓ ➡   ✓ ◻   ✓ ℋ   **Enviar**

A: Gemma
De: Elvira
Tema: La historia continúa...
Cc:
Bcc:
Vínculos:

Tú sabes que me ha costado mucho tomar esta decisión. No ha sido fácil ni para mí ni para Roberto. Al principio yo creía que él *muy introvertido* que necesitaba tener su espacio y su independencia. Con el tiempo he llegado a descubrir que en el fondo, simplemente, _____ y _____ y que los demás para él no cuentan. Solo le importa su propio bienestar, su propia comodidad. O eso me parece a mí. Lo cierto es que hemos tenido problemas de comunicación. Él, además, _____, le cuesta explicar sus sentimientos.
Total, que ha sido duro en muchos sentidos. Ya sabes que, con las separaciones, se rompen muchas cosas. Entre otras, la relación con una serie de gente, con la familia, con amigos comunes... Yo, por ejemplo, ya sabes que me llevaba muy bien con mi cuñada Elena, que _____. Pero, a fin de cuentas, es su hermana y es lógico que se ponga de su lado. Mi suegra también _____. Como _____, creo que sabrá comprendernos y aceptar nuestra decisión, aunque le duela. ¡Ojalá pueda mantener la relación con ellas!
Y luego está mamá: no te puedes imaginar la lata que me está dando. Ya sabes que _____. Me llama cada día para decirme que me lo vuelva a pensar, que reflexione, que Roberto _____ y que no voy a encontrar a otro como él. Sinceramente, se está pasando...
Respecto a Federico, mi actual compañero, he de decirte que _____, tiene un montón de amigos y se lleva bien con todo el mundo. No sé cómo describírtelo: _____. Espero que pronto pueda presentártelo. Ya verás que _____. Creo que te caerá muy bien. O eso espero. ¿Vas a poder venir a verme en verano?
Nada más por hoy, cariño. Te echa de menos,

tu hermanita.

6 Escucha a estas personas hablar de su primer gran amor y resume
lo esencial respecto a cada tema.

	Era...	Siempre quería...	No soportaba...	Estuvimos juntos durante...	Fue una época...
Patricia					
Silvia					
Ignacio					
Arturo					

¿Y tú? ¿Recuerdas a tu primer amor? ¿Y a tu primer jefe? ¿Y a algún profesor
que fue importante para ti? Escribe un párrafo sobre cada uno de ellos.

7 Trata de conectar entre sí las distintas frases de cada grupo utilizando
las expresiones de la caja.

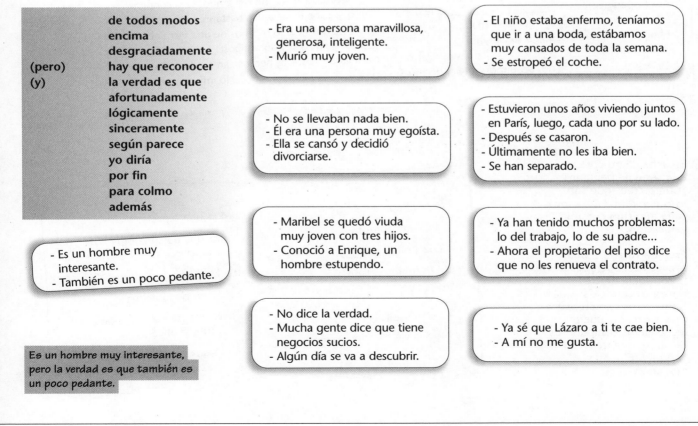

de todos modos
encima
desgraciadamente
(pero) hay que reconocer
(y) la verdad es que
afortunadamente
lógicamente
sinceramente
según parece
yo diría
por fin
para colmo
además

- Era una persona maravillosa,
generosa, inteligente.
- Murió muy joven.

- El niño estaba enfermo, teníamos
que ir a una boda, estábamos
muy cansados de toda la semana.
- Se estropeó el coche.

- No se llevaban nada bien.
- Él era una persona muy egoísta.
- Ella se cansó y decidió
divorciarse.

- Estuvieron unos años viviendo juntos
en París, luego, cada uno por su lado.
- Después se casaron.
- Últimamente no les iba bien.
- Se han separado.

- Maribel se quedó viuda
muy joven con tres hijos.
- Conoció a Enrique, un
hombre estupendo.

- Ya han tenido muchos problemas:
lo del trabajo, lo de su padre...
- Ahora el propietario del piso dice
que no les renueva el contrato.

- Es un hombre muy
interesante.
- También es un poco pedante.

- No dice la verdad.
- Mucha gente dice que tiene
negocios sucios.
- Algún día se va a descubrir.

- Ya sé que Lázaro a ti te cae bien.
- A mí no me gusta.

Es un hombre muy interesante,
pero la verdad es que también es
un poco pedante.

gente con corazón

8 Patricia, Ainhoa y Fernando, tres amigos, crearon una pequeña agencia de diseño gráfico. A los pocos años se separaron. Lee cómo se lo cuenta Ainhoa a una amiga y decide qué expresiones serían más adecuadas en cada hueco, de entre las de la columna. Compara tus soluciones (hay varias posibles) con las de un compañero y, si no coincidís, interpretad los cambios de significado que comporta usar una u otra expresión.

cómo es que	por desgracia	y encima	para colmo	en esa época	en resumen
a fin de cuentas	sinceramente	en el fondo	yo diría que	por suerte	parece que · además
hay que reconocer que	lógicamente	mejor dicho	la verdad es que	afortunadamente	

● Huy, ¡qué tiempos aquellos! La empresa duró unos catorce meses, si no lo recuerdo mal. Fue una época muy intensa. Al principio estábamos muy ilusionados, teníamos tantas ideas, tantos proyectos… _____ yo aprendí mucho, profesionalmente y de la vida, también…

○ ¿Y entonces?

● ¿Que _____ nos separamos? _____ la cosa se fue liando, no sé muy bien por qué… _____ hubo momentos tristes… ¿Sabes?, el trabajo en equipo no es fácil. Cada uno tiene su carácter, sus ideas… _____ éramos muy jóvenes, muy inexpertos. _____, estábamos en un medio muy difícil, con mucha competencia. En aquella época todo el mundo quería dedicarse al diseño o a la publicidad… _____ teníamos muchos sueños y muy poca experiencia. _____, ninguna experiencia.

○ ¿Y cómo acabó todo?

● _____, los tres éramos personas dialogantes y lo arreglamos todo hablando. Nos conocíamos muy bien, nos respetábamos… _____, que dentro de lo que cabe lo llevamos bastante bien. _____ en este tipo de situaciones la gente se mata… _____, nosotros lo hicimos de una forma bastante madura. Ahora, cada uno ha seguido su camino; _____ seguimos siendo amigos. _____, nunca nada va a ser igual. _____, nuestra relación ha cambiado. Nosotros hemos cambiado… Pero, _____, nos seguimos queriendo mucho que, _____, es lo importante.

9 Escucha cómo critican a una serie de personas. ¿Cómo crees que son esas personas? Relaciona cada audición con una valoración.

Prepara tú ahora unas breves descripciones de la conducta de tres personas conocidas que tengan una característica muy marcada. Puedes leerlas a los compañeros de clase, que deberán "etiquetar" a esas personas.

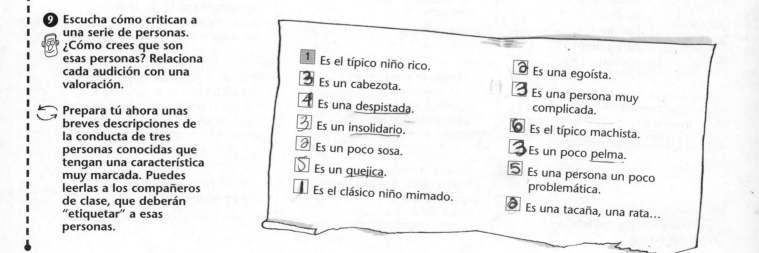

1 Es el típico niño rico.

3 Es un cabezota.

4 Es una despistada.

3 Es un insolidario.

2 Es un poco sosa.

5 Es un quejica.

1 Es el clásico niño mimado.

2 Es una egoísta.

3 Es una persona muy complicada.

6 Es el típico machista.

3 Es un poco pelma.

5 Es una persona un poco problemática.

2 Es una tacaña, una rata…

10 ¿Quién crees que tenía razón, Pepe o Pepa? Comenta todos los temas de desacuerdo que mencionan, dando la razón a uno de los dos.

PEPA
- Yo llegaba de trabajar a las 9h de la noche, después de un día entero vendiendo pisos. Ya sabes, yo trabajaba en una inmobiliaria en aquella época y ¡ni un huevo frito para cenar! Vamos, que me tenía que hacer la cena yo... Eso sí, todo limpito y ordenado.
- Los fines de semana, como estaba harta de andar en coche de allá para acá, lo que más me apetecía era quedarme en casa sin hacer nada. Y Pepe decía que era una aburrida...
- A mí no me apetecía todavía tener niños. Estaba en el mejor momento de mi vida profesional, tenía toda la libertad del mundo para viajar...
- Es un soso. No soportaba que pusiera música y que hablara mucho. ¡Como en un convento! Y yo, ya sabes, no puedo vivir sin música...

PEPE
- En mi trabajo se necesita silencio. Para traducir, ya sabes, hay que estar concentrado. Y a Pepa le encantaba escuchar música a todo volumen. Decía que no se sentía en su propia casa, que yo tendría que vivir en un monasterio.
- Yo quería tener niños, muchos niños, pero Pepa no. Decía que ya había demasiados niños en el mundo y...
- Nos quedábamos todos los fines de semana en casa. Y yo, que trabajo en casa, pues lo que quería era salir al campo, hacer pequeños viajes.
- Yo soy una persona muy ordenada, un obsesivo del orden, vamos. Lo siento pero no puedo vivir si hay desorden a mi alrededor. Y Pepa lo dejaba todo por ahí, su ropa, sus papeles, sus bolsos, zapatos por todos lados... Y la cocina, ni te cuento. ¡Claro!, como ella se iba de casa a las 7h de la mañana... Pero yo me quedaba, y no me podía poner a trabajar hasta que tenía la casa en orden.

Si queréis, luego, podéis discutir en clase los argumentos a favor de uno o de otro.

11 Éstos son los titulares de una revista del corazón. ¿Cómo reaccionarías al leerlos? Escribe tu valoración sobre los diferentes temas.

- Pues a mí no me parece normal que una modelo famosa no acepte el precio de la fama. Si es un personaje público, tiene que aceptar a la prensa...
- Pues yo no encuentro lógico que persigan a una persona constantemente...

VERÓNICA IZQUIERDO AGREDE A UN FOTÓGRAFO DE LA REVISTA **CORAZÓN, CORAZÓN**

Desde el inicio de su relación con el Conde de Villanueva, los periodistas rodean día y noche la casa de la modelo.

CIBERCELOS

Pide el divorcio al descubrir que su mujer mantenía una relación platónica por Internet desde hacía dos años.

PROHIBIDO FUMAR

Despiden a un empleado por fumar en los servicios.
Juan Guerrero ha iniciado una batalla legal contra la empresa WEW que le despidió el pasado 3 de marzo por…

HUYE CON LAS JOYAS DE SU PATRONA

Ramona Luján, una de las secretarias personales de la multimillonaria Luciana Estévez, huye de la casa con joyas por valor de un millón de euros. En una nota dijo estar asqueda del lujo que envolvía a su jefa, quien le pagaba un salario de miseria.

LOS VECINOS NO QUIEREN ACUSAR AL MAFIOSO

Detenido el conocido capo del narcotráfico Pablo Gutiérrez en su pueblo natal. Ningún vecino quiere declarar ante la policía.

Un juez granadino condena a un joven a colaborar con los bomberos durante tres fines de semana. El acusado había incendiado una papelera pública.

GIBSON GARCÍA SUSPENDIDO DE SU CARGO POR COMENTARIOS MACHISTAS

El pasado día 4 el conocido presentador bromeó sobre el aspecto físico de las actuales ministras en un telediario.

⑫ Muchas veces dejamos frases inacabadas porque creemos que el interlocutor sabrá interpretarlas. Fíjate en estas conversaciones. ¿Qué consecuencia da a entender el segundo interlocutor? Intenta expresarla, continuando las frases.

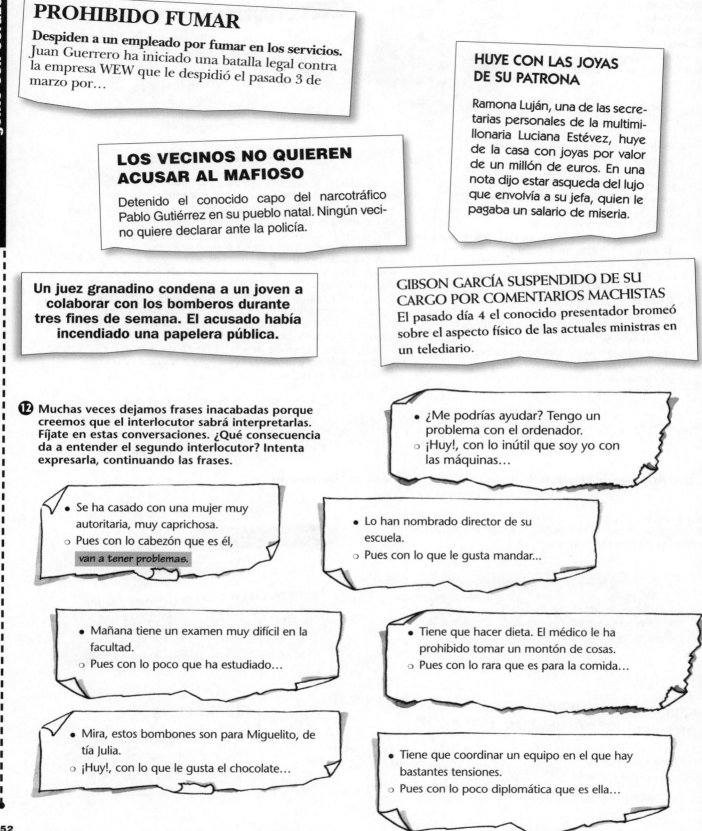

- ¿Me podrías ayudar? Tengo un problema con el ordenador.
- ¡Huy!, con lo inútil que soy yo con las máquinas…

- Se ha casado con una mujer muy autoritaria, muy caprichosa.
- Pues con lo cabezón que es él, van a tener problemas.

- Lo han nombrado director de su escuela.
- Pues con lo que le gusta mandar...

- Mañana tiene un examen muy difícil en la facultad.
- Pues con lo poco que ha estudiado…

- Tiene que hacer dieta. El médico le ha prohibido tomar un montón de cosas.
- Pues con lo rara que es para la comida…

- Mira, estos bombones son para Miguelito, de tía Julia.
- ¡Huy!, con lo que le gusta el chocolate…

- Tiene que coordinar un equipo en el que hay bastantes tensiones.
- Pues con lo poco diplomática que es ella…

13 **¿Cómo reaccionarías tú si te dijeran estas cosas? Intenta contestar siguiendo**
el modelo del ejercicio anterior aludiendo a algún aspecto de tu personalidad y usando
la estructura con lo + adjetivo o con lo (poco) que + verbo.

1. • Te invito a salir conmigo en helicóptero el próximo domingo. Yo soy piloto, ¿sabes?

   ○ _____

2. • Lo siento, pero tienes que dar una conferencia en español ante 300 personas. Solo puedes hacerlo tú.

   ○ _____

3. • He hecho unos espaguetis con ajo, pimienta y guindilla. Un poco fuertes, pero buenísimos. ¿Quieres?

   ○ _____

4. • Mañana damos una fiesta de disfraces. El tema es el circo. Puedes venir de lo que quieras pero, eso sí, es
   obligatorio disfrazarse.

   ○ _____

5. | ¿Me puedes ayudar a planchar estas cinco camisas? Es que salgo de viaje y no tengo tiempo...

   ○ _____

14 **¿Has leído el poema de Cristina Peri**
Rossi? Seguramente tú también recuerdas
una última entrevista con alguien. Si no,
la puedes imaginar. Vamos a jugar
nosotros también con el lenguaje poético,
transformando el texto de Peri Rossi a
partir de esta matriz.

Última entrevista

La última entrevista fue _____
Yo esperaba _____,
que _____
y tu esperabas que _____.
Con _____ te dije:
y tú –_____– respondiste:
_____.

La última entrevista
fue un poco _____.
...

![PORTFOLIO] **Así puedes aprender mejor**

15 Lee estas dos transcripciones de conversaciones y observa las diferencias. Fíjate especialmente en el papel de las palabras o de las expresiones resaltadas en negrita de la CONVERSACIÓN 2.

1

- ¿Qué hacemos esta noche?
- ¿No íbamos a casa de Sara a su fiesta de cumpleaños?
- Se ha puesto enferma…
- ¿Está enferma? He hablado con ella esta mañana…
- Se encuentra fatal. Le ha dado un cólico renal. Está en el hospital.
- ¡Eso duele!
- Horrible.
- No hay fiesta…
- No.
- Yo no pensaba ir. Mañana tengo un examen.
- Yo le había comprado un regalo muy original…
- Luis lleva dos días haciendo pasteles…
- ¿Qué hacemos?
- ¿Vamos a cenar por ahí…?
- Estoy a dieta.
- Tomas algo ligerito.
- Quedamos a las nueve y nos vamos a cenar. Yo reservo.

2

- ¿Qué hacemos esta noche?
- **Ah… ¿pero** no íbamos a casa de Sara a su fiesta de cumpleaños?
- **Ya, pero es que** se ha puesto enferma…
- **¿Cómo que** está enferma? Yo he hablado con ella esta mañana…
- **Pues** se encuentra fatal. Le ha dado un cólico renal. Está en el hospital.
- ¡**Con lo que** duele eso!
- **Pues sí**, horrible.
- **Total, que** no hay fiesta…
- **Pues no**.
- Yo, **de todos modos**, no pensaba ir. Mañana tengo un examen.
- **Pues** yo le había comprado un regalo muy original…
- **Y** Luis lleva dos días haciendo pasteles…
- **¿Y entonces?** ¿Qué hacemos?
- **¿Y si** vamos a cenar por ahí…?
- **Lo que pasa es que** yo estoy a dieta, **¿eh?**
- **Pues entonces** tomas algo ligerito, **¿no?**
- **Claro…**
- **Pues eso:** quedamos a las nueve y nos vamos a cenar. Yo reservo.
- **Estupendo**.

La conversación es la forma más típica y frecuente de la lengua oral. Como toda forma de lengua oral es ante todo interacción, o sea "una acción entre individuos". Y en esa acción, hay cooperación entre los hablantes que se manifiesta de muchas formas: de manera inconsciente nos ponemos de acuerdo para ceder turnos de palabra, mantener o interrumpir la comunicación, asegurarnos de que nos entendemos, etc. Parte de la información la transmitimos verbalmente y otra parte, con nuestros gestos, con la distancia de nuestros cuerpos, etc. Pero, en cualquier caso, en las conversaciones hay muchas palabras cuya finalidad, entre otras, es relacionar o cohesionar nuestras palabras con las del interlocutor. Estas palabras no son sólo un adorno, sino las señales necesarias de que los interlocutores están construyendo juntos algo: el significado de su conversación.

Diario de aprendizaje

Impresiones sobre el progreso en mi competencia de español:

1. ¿En qué aspectos he mejorado?

2. ¿Cómo he conseguido hacerlo?

gente utópica

1 ¿Te molestan estas cosas? ¿Cuánto? Márcalo al lado de cada una de las frases, utilizando el código: muchísimo, mucho, un poco, nada.

	muchísimo	mucho	un poco	nada
la gente que habla y come en el cine				
las preguntas de los desconocidos sobre mi vida personal				
la suciedad en las calles				
el uso del móvil en cualquier lugar y momento				
las mentiras				
la impuntualidad				
el abuso de la violencia en la tele				
el ruido del despertador por las mañanas				
el olor de los ambientadores en los cines				
la gente que grita cuando habla				
las bromas pesadas				
el perfume intenso de algunas personas				
…				

Elige cinco de estos temas y escribe una frase sobre tu actitud ante ellos. Amplía tu opinión como en el modelo. Coméntalo con tus compañeros.

- Yo no soporto que la gente hable por el móvil en cualquier lugar, por ejemplo, en un museo...
- Pues a mí no me molesta en absoluto.

2 Escucha a estas personas que muestran su malestar ante diferentes situaciones. ¿Con qué intensidad de queja, enfado, o rechazo crees que han sido dichas estas frases? Márcalo al lado de cada frase (5=mayor intensidad, 1=menor intensidad). ¿En qué has basado tu decisión?

- **5** Vamos, que vuestra propuesta es bastante impresentable.
- ☐ No soporto que me mientan.
- ☐ No se puede aguantar, hombre. Esto no puede seguir así.
- ☐ Lo que más me fastidia de todo esto es que al final acabe pensando que tiene él la razón.
- ☐ Su forma de trabajar me parece totalmente incomprensible.
- ☐ Me molesta que no diga las cosas claramente.
- ☐ Verdaderamente, no me gusta vuestro comportamiento.
- ☐ Es incomprensible que nadie haga nada por solucionar este asunto.

3 Según un sondeo realizado en el programa de radio NO TODO ES AMOR, los principales reproches entre las parejas son los siguientes. ¿Añadirías alguno más?

Hoy han participado en el programa varias parejas que han expuesto sus puntos de vista y han llegado a estos compromisos.

Lo que más me fastidia es...

3 ... que siempre me esté criticando.
1 ... que se pase el día hablando por teléfono.
3 ... que siempre me eche la culpa de todo.
... tener que ser siempre yo quien tome las decisiones más difíciles.
3 ... que no me escuche.
3 ... que siempre acabemos haciendo lo que él/ella quiere.
3 ... que no sea nada amable con mis amigos, ni con mi familia.
3 ... tener que encargarme yo de organizar todo nuestro tiempo libre.

1

Vale, tienes razón, intentaré ser más flexible. En serio, ya verás cómo cambio.

2

Bueno, es que lo haces tan bien... Pero, vale, la próxima vez voy yo a comprar las entradas para el concierto. Te lo prometo.

3

Intentaré cambiar. Esta vez va en serio. Te prometo que voy a tratar de ver las cosas de una forma más positiva.

¿A qué reproche del cuadro podría corresponder cada una de estas declaraciones?

Escribe las declaraciones de buenas intenciones que se podrían hacer respecto al resto de los reproches.

4 Escucha estos tres diálogos de personas que discuten e intentan llegar a una solución para arreglar una situación de conflicto. ¿Cuál es el motivo de conflicto en cada caso? ¿Crees que tienen intención de solucionarlo?

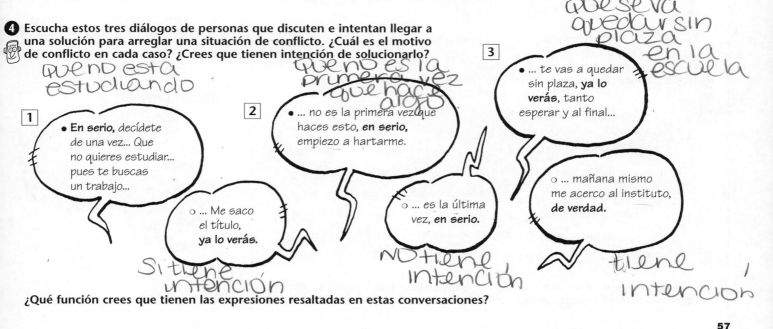

que no esta estudiando

1

● **En serio**, decídete de una vez... Que no quieres estudiar... pues te buscas un trabajo...

○ ... Me saco el título, **ya lo verás**.

Si tiene intención

que no es la primera vez que hace algo

2

● ... no es la primera vez que haces esto, **en serio**, empiezo a hartarme.

○ ... es la última vez, **en serio**.

No tiene intención

que se va a quedar sin plaza en la escuela

3

● ... te vas a quedar sin plaza, **ya lo verás**, tanto esperar y al final...

○ ... mañana mismo me acerco al instituto, **de verdad**.

tiene intención

¿Qué función crees que tienen las expresiones resaltadas en estas conversaciones?

gente utópica

5 Relaciona las dos columnas de palabras. Después, elige las cuatro propuestas que te parezcan más urgentes para mejorar nuestra sociedad actual, y escribe un pequeño texto para incluirlas en un programa electoral.

Lucharemos contra la corrupción en todos los sectores de la sociedad...

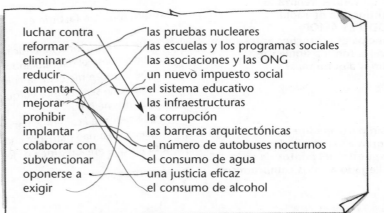

luchar contra — las pruebas nucleares
reformar — las escuelas y los programas sociales
eliminar — las asociaciones y las ONG
reducir — un nuevo impuesto social
aumentar — el sistema educativo
mejorar — las infraestructuras
prohibir — la corrupción
implantar — las barreras arquitectónicas
colaborar con — el número de autobuses nocturnos
subvencionar — el consumo de agua
oponerse a — una justicia eficaz
exigir — el consumo de alcohol

6 El ayuntamiento de una ciudad ha propuesto una serie de proyectos para el próximo año. ¿Qué finalidad crees que tiene cada uno de ellos? Usa para + Infinitivo o para que + Subjuntivo **según convenga**.

– Construir un edificio emblemático (gran museo):

para promocionar la imagen de la ciudad.
para que aumente el turismo.

PROYECTOS
- Ampliar el aeropuerto. *para tener más control de navegador*
- Construir una nueva línea de metro. *para reducir la congestión de gentes*
- Instalar un pavimento poroso que absorba el sonido de los coches.
- Construir un nuevo recinto ferial.
- Instalar paneles de energía solar en todos los edificios oficiales.
- Construir residencias para ancianos en cada barrio.
- Rehabilitar los edificios del casco antiguo.
- Construir vías de acceso a la ciudad.
- Trasladar la zona industrial desde la costa hacia el interior.
- Regar los parques con aguas residuales tratadas.

7 ¿Qué palabras puedes relacionar con cada uno de estos temas?

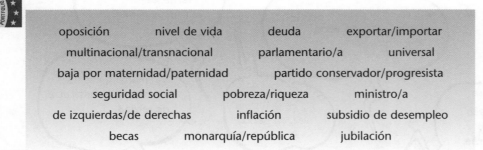

oposición   nivel de vida   deuda   exportar/importar

multinacional/transnacional   parlamentario/a   universal

baja por maternidad/paternidad   partido conservador/progresista

seguridad social   pobreza/riqueza   ministro/a

de izquierdas/de derechas   inflación   subsidio de desempleo

becas   monarquía/república   jubilación

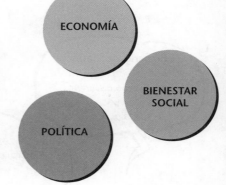

ECONOMÍA

BIENESTAR SOCIAL

POLÍTICA

Escribe un breve texto sobre las condiciones económicas y políticas de tu país. Léelo a los compañeros que podrán hacerte algunas preguntas sobre el tema.

8 ¿Cuál de las tres personas de las fotografías podría expresar estos deseos? ¿Por qué?

Eduardo | Pol | Manuel

DESEOS

A *Me gustaría que hubiera más instalaciones deportivas en mi barrio.*
POI es un niño

B *Lo que realmente me gustaría es que me tocara la lotería.*
Eduardo

C *Me encantaría viajar por todo el mundo.*

D *Sería maravilloso conocer personalmente a Alejandro Sanz y que me firmara un autógrafo.*
Manuel
POI

E *Me gustaría no tener tantas dificultades para encontrar un primer trabajo.*

F *Me gustaría que mi familia fuera más comprensiva conmigo.*
Eduardo
Manuel

G *Me gustaría conocer a mi pareja ideal.*

H *Lo ideal sería tener siempre buena salud.*
Eduardo
Manuel

I *Lo que me gustaría es mantener una buena relación con toda la familia.*
Eduardo

J *Lo que me encantaría es tener más independencia.*
POI

K *Lo que estaría muy bien es que me dejaran salir con mis amigos siempre que quiero.*
POI

L *Me encantaría escribir un libro.*
Manuel

◯ Escribe seis deseos que tengas (tres ciertos y tres falsos). Léeselos a un compañero, que tendrá que adivinar cuáles son los deseos falsos.

9 Cuatro personas expresan sus ideas en el foro virtual RECONSTRUIR LA SOCIEDAD. ¿Qué grupo político crees que cubriría mejor sus expectativas? ¿Por qué?

Partido Idealista
Por la igualdad y por la justicia

GRUPO APOLÍTICO POSMODERNO
POR UN MUNDO ENROLLADO

GRUPO DE DEFENSA DEL MERCADO MUNDIAL
Por un mercado muy libre

valladolidagosto2001 · Valladolid agosto2001

Propietario [Opciones de entrega]

Bienvenidos miembros de
eGroups
Más información

Inicio
Mensajes
Pendientes
Publicar mensaje
Charlar
Archivos
Fotos
Marcadores
Base de datos
Sondeos
Miembros
Agenda

▶ PABLO:
La vida sería mucho más agradable si hubiera más ayudas para el arte y para la cultura. Pero no para la cultura institucional. Yo me refiero a un arte popular, que cualquiera tuviera locales abiertos día y noche, donde ir a bailar, a tocar un instrumento y a pintar; para expresarse, sin pretensiones de ser un Picasso, ni nada de eso. La gente viviría menos angustiada. Si hubiera más amor, más música y más alegría y menos estrés, las cosas irían mejor.

▶ CELIA:
Lo que habría que hacer es prohibir totalmente la venta de armas, seguro que entonces no habría guerras. La pobreza de muchos países viene provocada por las constantes guerras que allí se mantienen. Sin armas, el mundo sería un lugar mucho más habitable.

▶ PEPE:
Lo que verdaderamente me gustaría es que se acabara con la investigación con animales vivos. Y también con los transgénicos y con la clonación. Los consumidores tenemos mucho poder. Propongo un boicot total a marcas de cosmética como RENOVA que investigan de esta manera.

▶ CAROLINA:
Si la economía va bien, el mundo va bien. Los gobiernos deberían dar facilidades a los jóvenes empresarios para que pudiéramos invertir en cualquier lugar del mundo. Deberían dejar de dar ayudas a los agricultores, ellos tienen que competir en el mercado en las mismas condiciones que las empresas.

gente utópica

Escribe dos intervenciones más para incluirlas en el foro RECONSTRUIR LA SOCIEDAD. Léeselas a tus compañeros, que decidirán sobre el grupo político más idóneo para esas personas.

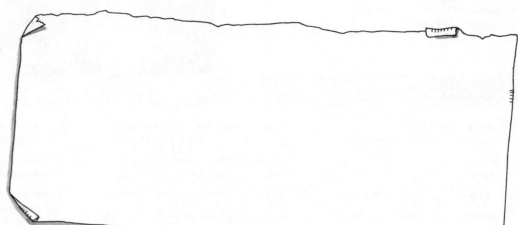

10 Lee el texto sobre el documento de la AGENDA 21.
¿Se han tomado medidas de este tipo en la ciudad en la que vives?

En 1992 se celebró en Río de Janeiro la Conferencia de Naciones Unidas sobre Medio Ambiente y Desarrollo. Allí se redactó el documento llamado Agenda 21, que supuso una declaración de derechos del planeta. El encuentro tuvo una gran repercusión y desde entonces el concepto de Sostenibilidad, o Desarrollo Sostenible, ha ganado gran popularidad y empuje, y se ha incluido como tema de debate en todos los foros, programas políticos, etc.

El Desarrollo Sostenible se define como el modelo de desarrollo que satisface las necesidades presentes sin amenazar la capacidad de las generaciones futuras de satisfacer las suyas.

Las acciones propuestas en A21 pretenden:

- Corregir las desigualdades existentes en el planeta.
- Mejorar la habitabilidad de la tierra a largo plazo.
- Utilizar los recursos de forma racional.

LA AGENDA 21 LOCAL

El ámbito de la aplicación de la Agenda 21 es local. En este momento, más de 3000 ciudades en el mundo están impulsando acciones con fines de sostenibilidad.
En los últimos años la A21L se ha incorporado masivamente a las agendas políticas de los municipios españoles. Además, este proyecto incorpora un principio y un método de trabajo que supone la participación activa de los ciudadanos.

Algunas de las acciones realizadas en los municipios españoles adscritos a la A21L:

- Conservación y mejora de los entornos forestales.
- Educación ambiental en las escuelas.
- Recogida selectiva de basuras.
- Saneamiento de aguas residuales. Reutilización para regar parques y jardines.
- Ahorro y promoción de energías alternativas.
- Participación de los ciudadanos en las decisiones del ayuntamiento (información y control).
- Creación de carriles bici.
- Transformación de las rondas en cinturones verdes.
- Aumento del verde en la ciudad.
- Medidas para contrarrestar los cambios en el nivel del mar.
- Elaboración de un mapa de ruidos y de actuación en zonas muy afectadas.

Ahora, escucha a Jorge, que habla sobre los cambios que se han producido en su vida cotidiana desde que en su ciudad se adoptó la AGENDA 21. ¿Qué valora como principales cambios?
Escribe sus sugerencias para mejorar la vida en Barcelona.

11 ¿Qué acciones te gustaría proponer al ayuntamiento tu ciudad? ¿Con qué finalidad? Con esas acciones, ¿qué aspectos mejorarían el lugar donde vives?

Escribe un pequeño texto para la sección "El buzón de los ciudadanos" de la prensa local. Aquí tienes uno que se publicó en la edición de ayer.

■ MÁS FACILIDA-DES PARA LA PRÁC-TICA DEL DEPORTE EN EQUIPO

Señor Alcalde:
Todos coinciden en que el deporte es una actividad beneficiosa para personas de todas las edades, pero especialmente para la gente joven, por muchas razones. Favorece una buena salud, propicia la actividad en equipo y, **además**, llena muchas horas de ocio. En la ciudad tenemos bastantes instalaciones deportivas, **sin embargo,** estas no son suficientes. **Además**, algunas de ellas, **aun** siendo municipales, son de pago y eso supone un obstáculo para muchos equipos sin recursos, que no tienen dónde entrenar. Este asunto se agrava los fines de semana. **Por otro lado**, todos los Institutos de Enseñanza Secundaria, que tienen muy buenos polideportivos, están cerrados todo el fin de semana, de viernes por la tarde a lunes por la mañana. ¿No es esto absurdo? ¿No sería muy fácil mantener las instalaciones deportivas que ya existen abiertas 24 horas durante los fines de semana? **Juan Antonio.** Jugador aficionado al balonmano. Barrio del Arrabal.

12 Lee estos titulares de prensa española y las opiniones de algunas personas que comentan y se refieren a estos temas.

El desempleo ha subido en abril en un 3%

La mayoría de los bancos españoles tienen sus fondos en paraísos fiscales en el extranjero

Tres nuevos casos de enfermos afectados por la bacteria legionella

Suben las temperaturas 3° C con respecto al verano anterior

Grave sequía en el sur de España

Desarticulada una red de piratas informáticos que actuaba desde hace tiempo desde Soria

• Lo del pirateo es inevitable; además, con los precios que tienen los materiales informáticos, no me sorprende que la gente haga copias pirata...
○ Ya, pero yo eso no lo veo bien...

Lo del _____ está cada vez peor.
  de la _____ es preocupante.

Para eso del _____ no hay solución.
  de la _____ no es fácil encontrar respuestas.

Eso del _____ es un problema en muchos países.
  de la _____ es algo que hay que solucionar.

¿Cuáles serían, en este momento, los titulares de la prensa local en tu país? Escribe varios sobre temas que afectan a tu país o a tu ciudad.
¿Qué comentarios harías sobre su repercusión en la opinión pública local?

gente utópica

❸ **Enlaza las siguientes frases con los conectores adecuados. Elige para cada lugar uno de la lista correspondiente.**

Todos querían reducir la jornada laboral, _____ **A** el Director Ejecutivo. _____ **B**, no consiguieron ponerse de acuerdo. _____ **C** las cosas se quedaron igual.

Es muy friolero. _____ **C** duerme siempre con pijama de lana, _____ **A** en verano

El piso en el que viven es muy pequeño. _____ **A**, van a tener otro hijo en octubre. _____ **C** han decidido comprar un piso con tres habitaciones.

Le ofrecieron un trabajo muy bien pagado en Australia. _____ **A**, tiene muchos amigos allí. _____ **B** prefirió quedarse en Toledo.

Siempre quiso ser periodista. _____ **A** desde muy joven colaboraba en un periódico local. _____ **C** acabó trabajando como dibujante de tiras cómicas.

> **A**
>
> incluso
> además
> encima

> **B**
>
> sin embargo
> aun así
> a pesar de eso
> a pesar de todo

> **C**
>
> así que
> por eso
> por lo tanto
> conque

Así puedes aprender **mejor**

❹ **Quizás, en alguna ocasión, te has sorprendido al observar a hablantes hispanos envueltos en una conversación coloquial.**
Son frecuentes las interrupciones entre ellos. En muchos casos se producen intervenciones simultáneas, "parece que hablan todos a la vez". Es muy corriente, en la conversación espontánea, que un hablante haga intervenciones cortas, en medio de la intervención del otro, (superposición intercalada), que pueden ser desde simples palabras: ya; **a opiniones o comentarios sobre el asunto que se está tratando:** qué mala idea, ¿no?

- (...) y me encontré con un amigo que hacía tiempo que no veía y... me llevé un poco de disgusto porque resulta que lo fui a saludar y tal y digo: ¡Hombre!, tal tal y digo... Y es verdad que hacía mucho tiempo que yo no le llamaba pero...
    └ ∘ *(la coge del brazo)* ¿Erais...?, perdona, ¿erais muy amigos?
- Bastante, sí, muy buenos colegas, muy buen compañero, una persona muy divertida muy agradable, y me dijo que él no me había llamado porque alguien, no sé quien, le había dicho que yo no quería hablar con él.
    ∘ ¡Qué fuerte!
- Entonces le dije pues... paso, paso de enterarme quién ha sido.
    └ ∘ Ajá.
    ∘ ¿No? Porque para qué...
        └ ∘ Ya, para qué.
- Para qué vas a entrar en quién fue... qué dijo... Dije... que no que no. Y él se ve que se había llevado un disgusto bastante grande...
    ∘ Claro..., normal... Si no le llamas...
- Y menos mal que me lo encontré en la calle que si no, no vuelvo a saber nada más de él. Fíjate la gente...
    ∘ ¡Qué mala idea!, ¿no?

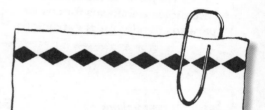

La interrupción o solapamiento de turnos es un rasgo de la conversación coloquial en español (aunque en diferente grado según el país de habla hispana) y en general no se interpreta como una descortesía ni como una actitud agresiva. Al contrario, en la mayoría de casos, la persona que interviene mientras el interlocutor está hablando, más que pretender arrebatarle el turno de habla, lo que intenta es ayudar, respaldar, apoyar lo dicho por el otro. Son, pues, muestras de confirmación de contacto y de interés por la conversación: ya, claro, normal, ¡qué fuerte!, etc.

Diario de aprendizaje

Impresiones sobre el progreso en mi competencia de español:

1. ¿En qué aspectos he mejorado?

2. ¿Cómo he conseguido hacerlo?

_____

_____

_____

_____

_____

_____

_____

_____

_____

_____

_____

_____

_____

_____

_____

_____

gente y productos

❶ **¿Cuál de las dos maneras de decir esto te parece más culta o más formal?**

a. En España se producen quesos de gran calidad. Aun así, su exportación es todavía escasa.
b. En España se hacen quesos muy buenos pero se exportan todavía poco.

a. El turrón es un postre navideño muy típico. Se hace sobre todo con almendras y con azúcar.
b. El turrón es, sin duda, el más típico de los postres navideños en España. Se elabora esencialmente con almendras y con azúcar.

a. En las granjas de Castilla y León hay muchas terneras de la 'raza abulense'. La carne de este tipo de ternera es muy sabrosa.
b. En las explotaciones agrícolas de Castilla y León abunda la 'raza abulense'. La carne de dicha variedad es particularmente sabrosa.

a. Nuestros productos presentan diferencias fundamentales con respecto a los de la competencia, particularmente en lo que se refiere a los precios.
b. Nuestros productos son muy diferentes de los de la competencia, sobre todo, en los precios.

a. Los sistemas de recoger la fruta se están modernizando mucho.
b. Los sistemas de recolección de fruta se encuentran en fase de plena modernización.

a. Un número elevado de estudiantes universitarios solicita anualmente becas de estudio en el extranjero.
b. Todos los años muchos estudiantes piden becas para estudiar en el extranjero.

Subraya las diferencias. ¿Qué tipo de diferencias has observado? ¿De vocabulario? ¿De gramática?

❷ **Oirás a una persona que habla del aceite de oliva, un tema sobre el que ya sabes muchas cosas. Pero la grabación está muy estropeada y no se oye el final de algunas frases. ¿Cómo podrían terminar? Continúalas tú.**

2. _____

3. _____

4. _____

5. _____

6. _____

7. _____

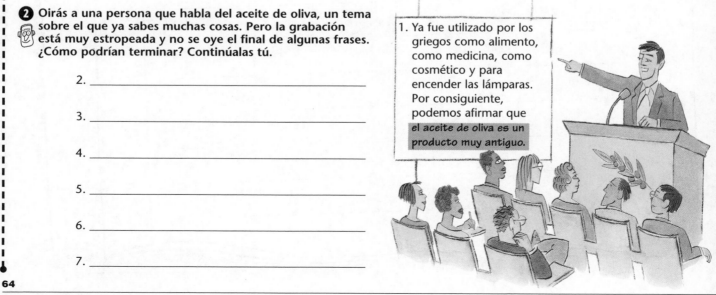

1. Ya fue utilizado por los griegos como alimento, como medicina, como cosmético y para encender las lámparas. Por consiguiente, podemos afirmar que el aceite de oliva es un producto muy antiguo.

3 Vamos a decirlo de otra manera. Sustituye los verbos **ser, estar** y **haber**
por otros de la lista y haz las transformaciones necesarias.

existir   encontrarse   abundar   poder distinguirse   constituir   representar   consistir en

1. En el norte de España **hay** muchos bosques de hoja caduca.

> En el norte de España abundan los bosques de hoja caduca.

2. En esta región **hay** diferentes tipos de vinos: los blancos dulces, los rosados y los tintos.
3. El turismo **es** una de las fuentes de riqueza más importantes de Andalucía.
4. Las campañas publicitarias que hace ADVERTIS **están** entre las mejores y las más originales.
5. Los accidentes de tráfico **son** una de las causas más importantes de mortalidad juvenil.
6. En la actualidad **hay** muchos virus que se han hecho resistentes a los antibióticos.
7. La risoterapia es una psicoterapia, **es** utilizar la risa como método para liberar tensiones.
8. Mil doscientos alumnos han solicitado una beca. **Son** el 34 % del número total.
9. En muchos países, las mujeres **son** ya, hoy en día, la mayoría de la clase médica.
10. **Hay** muchos tratamientos eficaces para combatir el cáncer pero es evidente que la prevención es el
elemento más importante para reducir el número de afectados por la enfermedad.

**Trata tú, ahora, de escribir varias frases sobre cosas o sobre productos
existentes en tu país utilizando los verbos de la caja. Explica qué son,
donde están, etc.**

4 Piensa en diferentes cosas o personas y las razones por las que te provocan
esos sentimientos. Expresa tus razones con **por**, como en el modelo.

– un actor/una actriz que me gusta mucho: Juliette Binoche. Por su físico, por su voz, por su manera de actuar, por su trayectoria como actriz, por su manera de sonreír.

– un establecimiento al que me encanta ir (un bar, un restaurante, una discoteca…):

– un producto que consumo a menudo:

– una prenda de ropa que me hace sentir bien:

– un objeto del que no puedo prescindir:

– una persona famosa que me cae fatal:

gente y productos

5 Expresa la causa utilizando **por** y el sustantivo correspondiente. Haz las transformaciones que creas necesarias.

1. Dejó de estudiar porque estaba enfermo.

   Dejó de estudiar por su enfermedad.

2. Este es un material muy adecuado para la construcción de automóviles porque es muy resistente a los golpes.

   _____

3. Los sindicatos han convocado una huelga porque las compañías aéreas han anunciado que van a reducir de forma drástica la plantilla de trabajadores.

   _____

4. La Facultad de Medicina va a hacer unas pruebas muy duras de selección de los alumnos porque ha aumentado mucho el número de solicitudes de inscripción.

   _____

5. Nuestra empresa perdió su privilegiada posición porque otras empresas mayores entraron en el mercado.

   _____

6. En esta zona se consume mucha agua porque ha aumentado el cultivo de maíz y porque no existe una política de aprovechamiento de las aguas pluviales.

   _____

7. Han cerrado la calle principal del pueblo porque se celebra la fiesta local y hay un desfile con música tradicional.

   _____

8. En España han desaparecido muchas aves porque se han utilizado indiscriminadamente muchos pesticidas que han acabado con muchas especies de insectos.

   _____

6 Inserta los elementos de los globos en las frases. A veces, hay varias posibilidades. Señálalas y observa si hay entre ellas alguna diferencia. Léelas en voz alta prestando especial atención a las pausas y a la entonación.

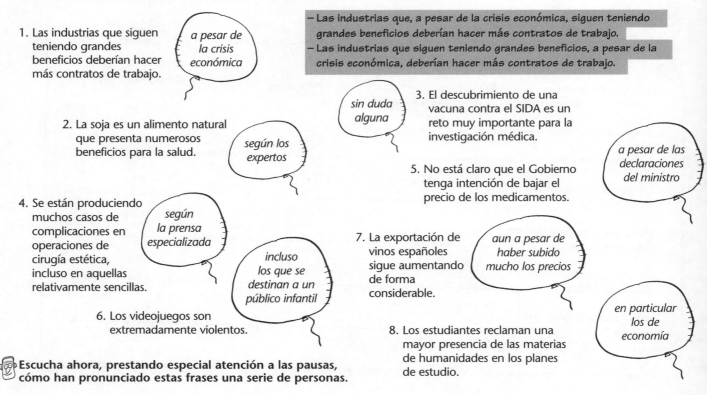

1. Las industrias que siguen teniendo grandes beneficios deberían hacer más contratos de trabajo.

   a pesar de la crisis económica

   – Las industrias que, a pesar de la crisis económica, siguen teniendo grandes beneficios deberían hacer más contratos de trabajo.
   – Las industrias que siguen teniendo grandes beneficios, a pesar de la crisis económica, deberían hacer más contratos de trabajo.

2. La soja es un alimento natural que presenta numerosos beneficios para la salud.

   según los expertos

   sin duda alguna

3. El descubrimiento de una vacuna contra el SIDA es un reto muy importante para la investigación médica.

   a pesar de las declaraciones del ministro

4. Se están produciendo muchos casos de complicaciones en operaciones de cirugía estética, incluso en aquellas relativamente sencillas.

   según la prensa especializada

5. No está claro que el Gobierno tenga intención de bajar el precio de los medicamentos.

   incluso los que se destinan a un público infantil

6. Los videojuegos son extremadamente violentos.

7. La exportación de vinos españoles sigue aumentando de forma considerable.

   aun a pesar de haber subido mucho los precios

   en particular los de economía

8. Los estudiantes reclaman una mayor presencia de las materias de humanidades en los planes de estudio.

Escucha ahora, prestando especial atención a las pausas, cómo han pronunciado estas frases una serie de personas.

7 Une en una sola frase las ideas de cada grupo usando las partículas: **pero, a pesar de, aunque** y **aun así**. Haz las transformaciones necesarias.

> – No existe un gran mercado de trabajo para los biólogos.
> – Un número importante de estudiantes solicita la entrada en la Facultad de Biología.

> *A pesar de la no existencia de un gran mercado de trabajo para los biólogos, un número importante de estudiantes solicita la entrada en la Facultad de Biología.*

> – Señores, es cierto que cada día serán más importantes los soportes electrónicos para la transmisión de información.
> – En mi opinión, durante bastante tiempo, seguiremos utilizando, de forma importante, los libros en papel.

> – Hay crisis en el sector turístico.
> – Siguen construyéndose hoteles en las zonas costeras.

> – Voy a ver a Pamela en mi oficina.
> – No voy a tener mucho tiempo para hablar con ella. Tenemos una reunión toda la tarde.

> – Chica, sigo sin entender por qué se ha enfadado tu hermana.
> – No tengo ganas de hablar con ella del tema.

> – La oposición sabe que no tiene ninguna posibilidad de ganar la votación.
> – Ha presentado una moción de censura.

Analiza en cada caso qué partícula te ha parecido más adecuada y por qué. Para ello, reflexiona sobre el registro de cada frase e imagina un contexto en el que podría haber sido utilizada.

> – Oye, ponte un abrigo.
> – Ahora hace calor.
> – Por la noche refresca mucho.

> ● *El primero podría ser un fragmento de un artículo de periódico.*

8 **¿Dónde podríamos colocar los adverbios de la lista? Trata de no repetir ninguno.**

> fundamentalmente   esencialmente   prácticamente   efectivamente   naturalmente   exclusivamente   especialmente   principalmente   particularmente   íntegramente   realmente   básicamente   únicamente   concretamente   evidentemente

1. Los vinos que se producen en España se hacen _____ con la variedad de uva Tempranillo pero no _____. En algunas zonas también se cultiva Garnacha, Cabernet, Sauvignon y también, _____, otros cepajes típicamente españoles: Macabeo, Albariño, Xarello, Parellada, etc.

2. Este pan está elaborado _____ con harina biológica y es _____ recomendable para aquellas personas que hayan manifestado alguna alergia a las harinas normales.

3. Le dijeron que tenía una enfermedad grave y que precisaría de una larga temporada de recuperación. Y _____ tuvo que estar varios meses ingresado, _____ por los problemas respiratorios derivados de la enfermedad.

4. En España cada día está más aceptado socialmente el divorcio, _____ en las zonas urbanas.

5. La automedicación es muy peligrosa, _____ si el paciente toma ya otros medicamentos.

6. CHULISYGUAYS es una empresa de importación de ropa juvenil. Se dedican _____ a importar confección de Asia pero no _____. También distribuyen algunas marcas de Latinoamérica, _____ moda brasileña.

7. A mí me parece _____ sorprendente que este programa de Tele 9 haya tenido tanto éxito. Pero _____ gusta a la gente. ¡Lo han visto más de ocho millones de espectadores!

8. La cocina vietnamita es _____ desconocida en España. En realidad la mayoría de los restaurantes orientales son chinos y japoneses.

9 Ya sabes que de muchos verbos podemos derivar sustantivos. Trata de encontrar los correspondientes a los de la primera columna. Fíjate en que algunos de esos sustantivos son femeninos y otros, masculinos. ¿Cuáles? ¿Puedes formular alguna regla?

Verbo	Sustantivo	Masc	Fem
obtener	obtención		✔
elaborar			
consumir			
reducir			
fabricar			
producir			
tranportar			
presentar			
envasar			
etiquetar			
usar			
utilizar			
preparar			
satisfacer			
almacenar			
probar			

Los terminados en _____ son siempre

_____

Los terminados en _____ son siempre

_____

ROLANDO es una conocida marca de salsa y de zumo de tomate. Ha encargado el guión de un publirreportaje a una agencia, y han preparado una lista de informaciones que quieren resaltar en la campaña. ¿Puedes reescribir el texto utilizando sustantivos como los de la tabla?

– Nuestros productos **se elaboran** con los mejores tomates.
– Los tomates **se cultivan** en las mejores tierras de Levante, en un clima privilegiado, lo que garantiza su excelente sabor.
– De estos tomates **se obtiene** el zumo a partir de técnicas modernas pero naturales. Por eso nuestros productos son tan sanos.
– En nuestra empresa **se modernizan** incesantemente las técnicas de producción. Y así conseguimos ahorrar energía y ser una empresa ecológica.
– En nuestro país cada día **se consumen** más los productos naturales y de calidad.
– Nuestros productos **se utilizan** para cocinar cualquier tipo de plato con tomate: cocina italiana, española, mexicana; pizzas, arroces, pastas, salsas…
– Garantizamos que no **se incorporan** conservantes ni colorantes y que **se respeta** el medio ambiente para el cultivo de nuestras materias primas. Se excluyen pesticidas y abonos nocivos para el medio ambiente.
– **Se fabrican** y **se envasan** con los métodos más modernos y más respetuosos con el medio ambiente.

La elaboración de nuestros productos se realiza...

ROLAND⊙

de la huerta valenciana a tu mesa

10 En un texto bien redactado no es aconsejable repetir palabras. ¿Cómo transformarías el siguiente texto para evitar las repeticiones resaltadas en negrita?

Señoras y señores, muy buenas tardes. De forma muy breve, quisiera hablarles esta tarde de los **vinos chilenos.** Los **vinos chilenos** se están convirtiendo en uno de los productos más importantes para la exportación. Desde el punto de vista económico, en la actualidad, somos especialmente optimistas: efectivamente, estamos obteniendo **vinos** con una excelente relación precio-calidad. Chile exporta cada vez mayor cantidad de **vino.** El año pasado la exportación de **vinos** se acercó a los 800 millones de dólares; pero no solo hablamos de la cantidad de **vino,** sino de la calidad de los **vinos chilenos.** La calidad del **vino chileno** está conquistando un puesto importante en los mercados internacionales y en los paladares de los aficionados a los **vinos.** Prueba de ello es que cada vez son más los hoteles y los restaurantes que cuentan en sus cartas de **vinos** con una buena muestra de **vinos chilenos** que hasta hace poco eran prácticamente desconocidos entre los consumidores de **vinos.**

Esto significa que los productores de **vinos** deben seguir elaborando **vinos** de calidad para no defraudar a un mercado en desarrollo (…)

Uno de los recursos para evitar la repetición de un término es utilizar otros que en el contexto lo puedan sustituir; o bien, elidir ese término o utilizar algún pronombre. En éste, por ejemplo, podemos decir **el vino, este producto, este importante sector de la exportación, los caldos,** etc.

¿Qué podríamos utilizar en un texto que hablara de los siguientes temas? Puedes usar el diccionario.

COCHES

Este medio de transporte, los vehículos, el sector automovilístico...

NARANJAS

_____

_____

_____

LIBROS

_____

_____

ORDENADORES

_____

_____

_____

11 ¿Puedes reconstruir esta conferencia? Ordena primero los diferentes párrafos dentro de cada bloque (A, B y C) según el orden que creas más coherente y, después, reconstruye cada parte del texto utilizando los conectores de la lista.

como probablemente muchos de ustedes saben   por otra parte   también   aunque
en cuanto a las formas de prepararlo   en cuanto a los efectos de la yerba mate
por todo ello   en cuanto a sus propiedades químicas   por consiguiente   etc.

A

la yerba mate es similar al té verde, aunque mucho más nutritiva.

… Su estructura química es similar a la de la cafeína, pero, en cambio, no tiene efectos negativos sobre el organismo.

… Cantidades significativas de potasio, sodio, magnesio y manganeso están presentes tanto en las hojas como en la infusión. También contiene numerosas vitaminas, en particular la B1, B2, CA y otras muchas.

… la mateína, sustancia química de la familia de las xanteínas, también es propia de la yerba mate.

… la mateína, como la cafeína, es estimulante del sistema nervioso y promotor de la actividad mental, es diferente de esta última por no perturbar el sueño…

… también se observan cambios en el comportamiento, tales como un aumento de energía y vitalidad, mayor capacidad de concentración, disminución del nerviosismo y mayor resistencia a la fatiga física y mental. Del consumo de este producto suele resultar una mejora en el ánimo, especialmente en casos de depresión.

… Los efectos benéficos y terapéuticos de la yerba mate, verificados a través de siglos de observación y utilización, fueron confirmados por numerosos estudios científicos.

B

… Así lo preparan tradicionalmente en Argentina y más que una simple bebida es, para los aficionados, un rito y un arte que se vive a diario.

… La infusión se logra "cebando" con agua caliente, nunca hirviendo, y se bebe con una bombilla, que es un tubito de metal que posee un filtro en su extremo inferior para evitar que pase la yerba.

… existen fundamentalmente dos maneras: el mate cebado y el mate cocido, aunque hay para cada una de ellas multitud de variantes.

… El mate cebado, como ven en el gráfico, se suele preparar en lo que se llama propiamente "mate", que es una pequeña calabaza, llena de yerba mate.

… Se puede disfrutar ya sea caliente o helado y se prepara con yerba mate suelta o envasada en saquitos y, según los gustos, se puede endulzar con azúcar o miel, y añadiéndole leche se convierte en una bebida ideal para los niños.

C

… Agradable a toda hora, es para América el equivalente del café en los Estados Unidos o al té en Gran Bretaña…

… El mate cocido es la infusión que se prepara con las hojas molidas de la yerba mate. Como tantas otras infusiones, se bebe en una taza o en recipientes especiales.

… la yerba mate es un cultivo que ha sido desarrollado exclusivamente en la zona comprendida entre el sur del Paraguay, de Brasil y la provincia de Misiones y el noreste de la provincia de Corrientes en la Argentina.

… Por ser una bebida sana, estimulante y de un sabor inigualable, el mate es consumido por millones de sudamericanos.

Ahora, debes decidir en qué orden es más lógico presentar la información, es decir, cómo secuenciarías A, B y C. Al final, conecta los tres bloques.

12 **¿Cuáles son, a tu entender, algunas de las causas o de las consecuencias de estos hechos?**

1. Parece demostrado que el ácido acetil salicílico puede resultar útil en la prevención del infarto.

   Muchos enfermos de corazón toman una aspirina cada día.

2. El índice de crecimiento demográfico de España es uno de los más bajos del mundo.

   _____

3. Muchos científicos sostienen que es incuestionable la relación entre el deterioro medioambiental y el cambio climático.

   _____

4. Muchos niños de los países occidentales tienen índices elevados de colesterol.

   _____

5. La televisión y los videojuegos proporcionan a los niños gran cantidad de imágenes violentas.

   _____

Ahora, relaciona las parejas de frases usando las siguientes partículas.

TRATA DE UTILIZAR

(y) la razón por la que esto ocurre es que
es por esta razón (por la) que
es por ello (por lo) que
por consiguiente
por tanto
por esta causa
debido a ello
tanto es así que

● Parece demostrado que el ácido acetil salicílico puede resultar útil en la prevención del infarto. Debido a ello, muchos enfermos de corazón toman una aspirina cada día.

13 Imagina que tienes que dar en una empresa una pequeña charla sobre los plásticos, a partir de las informaciones que aparecen a continuación. Selecciona aquellas que te parezcan más relevantes y prepara un pequeño texto conectándolas y organizándolas de modo que quede bien estructurado y cohesionado. Deberás añadir conectores que unan frases, organizadores discursivos que te permitan pasar de un tema a otro, etc.

EL INVENTOR
- Alexander Parkes (1813-1890) fue el químico inglés que descubrió que al disolver celulosa parcialmente nitrada en alcohol y éter, en el que se había vertido alcanfor, se originaba un compuesto sólido y duro.
- Era sumamente maleable por la acción del calor.
- Presentó el material, el parkesine, en la Feria Internacional de 1862.
- Obtuvo una medalla.
- Su descubrimiento pasó, en principio, inadvertido.
- No se le ocurrió ninguna aplicación práctica.

¿QUÉ SON LOS PLÁSTICOS?
- Son materiales sintéticos.
- Al ser calentados, se ablandan sin perder cohesión.
- Se les puede dar diversas formas y obtener otras nuevas al ser enfriados.
- Están compuestos por moléculas gigantes.
- Estas moléculas se llaman polímeros (compuestos químicos formados por polimerización).
- Las moléculas de los plásticos están formadas por larguísimas cadenas de carbono enlazadas entre sí.
- La teoría de los polímeros fue establecida en un artículo que publicó en 1922 el alemán Hermann Staudinger.
- En este artículo se mostraban las largas cadenas de una unidad básica molecular –el isopreno–, que forma el caucho.

APLICACIONES
- Las aplicaciones de los plásticos son múltiples y variadas.
- Se fueron ampliando a medida que se desarrolló la industria química.
- Se llegó a la conclusión de que se podían obtener numerosos productos químicos órganicos del petróleo.
- Los plásticos son productos relativamente nuevos.
- Son indispensables en diferentes ámbitos.
- Desde el hogar hasta las industrias más diversas: electrónica, textil e incluso en medicina.
- Sus propiedades y su bajo coste lo han convertido en un material imprescindible: se emplea en superficies, suelos, envases o bolsas, utensilios antiadherentes, aislantes…
- La gran variedad de plásticos ha resultado ser una ayuda inestimable en medicina.
- Se utilizan en la elaboración del material de sutura, en las válvulas del corazón o en las de drenaje, en las lentes implantadas en una operación de cataratas, en las operaciones de hernia o en la reparación de arterias.

PROBLEMAS
- La producción y el consumo de plásticos aumenta día a día.
- Este año se han producido en nuestro país 3,2 millones de toneladas de este material (un 10% más que en el año anterior).
- Uno de los graves problemas que plantea el uso de plásticos son los residuos, de difícil y costoso reciclado.
- No hay suficiente población concienciada de la necesidad de reciclar el plástico y de reducir su consumo.

Así puedes aprender mejor

14 Escucha estas grabaciones y reflexiona sobre las siguientes cuestiones:

– ¿En qué lugar crees que se desarrolla cada una de estas intervenciones?

– ¿Qué relación tiene en cada caso el que habla con el/los destinatario/s?

– ¿Crees que utilizan un tipo de lengua adecuado a la situación? ¿Con qué intención?

Ahora, trata de reformular las frases de modo que transmitan el mismo mensaje pero en una forma adecuada a otro contexto, que debes describir.

Utilizar correctamente una lengua no es solamente manejar bien las reglas gramaticales, sino ser capaz de adecuarnos a la situación de comunicación en la que nos encontramos: con quién estamos, en qué lugar, de qué tema estamos hablando, etc. Claro está que lo que se considera "adecuado" es diferente en cada cultura. Además, muy frecuentemente, rompemos deliberadamente con este principio para crear en nuestro interlocutor un cierto efecto, por ejemplo, cómico.

Diario de aprendizaje

Impresiones sobre el progreso en mi competencia de español:

1. ¿En qué aspectos he mejorado?
2. ¿Cómo he conseguido hacerlo?

gente y **culturas**

1 Preparar y comerse una paella es algo típico en España, pero... ¿en qué consiste realmente esta costumbre?

La preparan normalmente los hombres. ☐
La suelen preparar las mujeres. ☐
Depende de las familias. ☐

Se suele pagar entre todos. ☐
Suele invitar el dueño/a de la casa. ☐

Normalmente se come a mediodía. ☐
Lo más frecuente es comerla por la noche. ☐

Se prepara cuando hay algo que celebrar. ☐
Puede prepararse un domingo cualquiera ☐
como pretexto para reunirse.

Lo más normal es que sea plato único. ☐
Es el plato principal pero se suelen ☐
comer otras cosas.

Se come en casa principalmente. ☐
Se suele comer en casa o en el restaurante. ☐

Hay paellas caras y baratas. ☐
Suele ser un plato caro. ☐
Siempre es un plato barato. ☐

Compara tus respuestas con las de un compañero, y decidid qué hipótesis son más acertadas.

Ahora, puedes preparar una serie de informaciones sobre alguna costumbre típica de tu país: un tipo de reunión familiar o de comida, alguna fiesta popular, etc.

2 Nada es totalmente posible o imposible en una cultura, pero sí hay ciertas tendencias. ¿Se suelen o no se suelen hacer las siguientes cosas en tu cultura? ¿Se puede o no se puede? Discútelo con algún compañero.

	en mi país	en algún otro país que conozco
Descalzarse al entrar en una casa.		
En casa de un amigo, tomar algo de la nevera sin pedir permiso.		
Entre compañeros de trabajo, pedir dinero prestado.		
En un local público, besar a tu novia/o.		
Tutear a un profesor.		
Preguntar a alguien a qué partido vota.		
Preguntar a un amigo cuánto gana.		
Pedir prestado algo de comida a un vecino.		

3 Las cosas no son siempre lo que parecen. Usando los recursos del cuadro, termina las frases tratando de prevenir conclusiones falsas que podría sacar el interlocutor.

TRATA DE UTILIZAR

no creas que
no vayas a pensar que

+ Indicativo + **lo que pasa es que** + Indicativo

no es que + Subjuntivo

sino que
es que
lo que pasa es que

+ Indicativo

1. Sí, he sacado muy malas notas en el primer trimestre, pero no creas que siempre me va tan mal, lo que pasa es que últimamente no tengo mucho tiempo.

2. Hilario, cuando lo conoces, no te cae bien, pero…
_____

3. Tienen un buen coche, una casa en un barrio muy caro; viajan mucho. Pero…
_____

4. Habla con mucha seguridad y parece como si fuera muy culto pero…
_____

5. Ha estado un poco agresivo contigo, es cierto, pero…
_____

6. Es una película con muy buenos actores, hecha con mucho presupuesto, pero…
_____

7. A primera vista parece una chica un poco tímida, pero…
_____

8. Cuando se fue a Finlandia a vivir, todo el mundo pensaba que se arrepentiría, pero…
_____

4 Piensa en algunos aspectos de tu cultura. ¿Cómo se los explicarías a un español o a un latinoamericano? Utiliza los recursos del cuadro.

TRATA DE UTILIZAR

lo más frecuente/normal es (que)…

se suele/solemos/…
la gente suele…

¿Antes de una boda, se hace alguna fiesta? ¿Quién participa? ¿Dónde se hace y qué se hace? ¿Cuántos invitados van? ¿Cuántos días dura una boda?

¿Qué se hace si alguien está en un hospital?

¿Son importantes los cumpleaños? ¿Los de todo el mundo por igual?

¿Cuál es la fiesta más familiar del año para ti?

¿Celebráis la Navidad? ¿Cómo se celebra?

¿Se celebra mucho un nacimiento?

¿Cómo se recibe en una familia la noticia de que alguien decida casarse con un/a extranjero/a?

gente y culturas

5 ¿Cómo reaccionarías tú ante las siguientes situaciones? Utiliza las fórmulas de despedida con **que** + Subjuntivo?

¡Que os vaya todo muy bien!

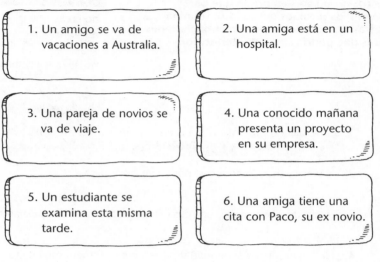

1. Un amigo se va de vacaciones a Australia.

2. Una amiga está en un hospital.

3. Una pareja de novios se va de viaje.

4. Una conocido mañana presenta un proyecto en su empresa.

5. Un estudiante se examina esta misma tarde.

6. Una amiga tiene una cita con Paco, su ex novio.

6 Lee esta entrevista a Elisabeth Marx sobre los diferentes hábitos y valores culturales en los negocios. ¿Conoces a personas de los países que se mencionan? Localiza afirmaciones que creas que se basan en estereotipos. Luego, matízalas o manifiesta tu desacuerdo usando: **No es que...**

Ahora, imagina que La Vanguardia te entrevista a ti. Escribe un pequeño texto sobre cómo son los hombres o las mujeres de negocios en tu país en cuanto a los temas que se plantean en la entrevista u otros que te parezcan interesantes.

LA VANGUARDIA

SÁBADO, 16 OCTUBRE

ENTREVISTA A ELISABETH MARX, CONSULTORA EN SELECCIÓN DE DIRECTIVOS INTERNACIONALES

Convivir con diferentes culturas

Elisabeth Marx, psicóloga de formación, se ha especializado en la selección y en la gestión de directivos internacionales. Autora del libro *Breaking through cultural shock* (Nicholas Brealey Publishing, 1999), retrata las peculiaridades de los directivos internacionales según su nacionalidad y advierte sobre la importancia de conocer las normas no escritas en distintas culturas empresariales.

– Británicos, alemanes, franceses…, ¿qué nacionalidades están mejor posicionadas para triunfar en una carrera internacional?

– Sin pretender caer en estereotipos, no se puede negar que existen culturas empresariales que son bastante características en determinados países.

Los británicos son muy flexibles y pueden manejarse muy bien con la ambigüedad. Pero algunas personas los encuentran demasiado ambiguos y se desconciertan porque nunca saben lo que está pasando.

En cambio, los alemanes son muy directos, muy organizados, se programan mucho, lo que los hace muy fiables, y a muchos hombres de negocios internacionales eso les gusta. Si un alemán dice: "Eso está

"LA IMPORTANCIA DE CONOCER LAS NORMAS NO ESCRITAS EN DISTINTAS CULTURAS EMPRESARIALES"

hecho", significa generalmente que el tema está resuelto. Pero al mismo tiempo son muy inflexibles, si cambia el programa previsto no les gusta nada y no saben qué hacer.

Los franceses también son muy flexibles. Son buenos improvisando, pero cuando hacen una presentación en una conferencia internacional, por ejemplo,

les gusta cuidar la expresión y hacer discursos bien elaborados, y sus intervenciones están repletas de hipótesis, lo que a menudo confunde a sus interlocutores internacionales, que no acaban de entender el discurso.

– ¿Qué ocurre cuando están todos juntos en una reunión de trabajo?

– El británico intenta básicamente ser una persona que se acomoda, al francés le encanta debatir y el alemán insiste en ajustarse al orden del día hasta el último punto.

– ¿Y el estadounidense?

– Él dice: "Estas son mis condiciones, aquí está el acuerdo, y yo salgo en avión mañana por la mañana".

– ¿Y el japonés?

– Solo habla cuando se le pide explícitamente su opinión. Y no toma decisiones como persona individual, sino como integrante de un grupo. En una reunión, un estadounidense tiene poder para decidir sobre un acuerdo, pero el japonés primero

tiene que hablar con el resto del grupo.

– ¿Y el español?

– El español necesita primero conocer un poco a la persona con la que va a tratar, establecer una relación y confiar en ella, antes de empezar a hablar de negocios.

En resumen, es un escenario potencial de falta de comunicación y de conflictos culturales.

– ¿Y peculiaridades de algunos de los países?

– En Alemania, una jornada laboral larga se interpreta como que la persona no tiene capacidad para acabar su trabajo dentro del horario laboral. Y el humor no es bien acogido en los negocios.

– En Francia, las comidas de trabajo de dos o tres horas son normales, pero se debe esperar a hablar de negocios después de los postres. En Estados Unidos, el salario ayuda a definir un estatus social y no tienen reparos en preguntar a la gente cuánto gana.

7 Lee esta peculiar visión de las Navidades en España. Ve señalando aquellas partes del texto donde encuentres alguna referencia cultural que no entiendas. ¿A qué crees que se refieren? Escríbelo.

Cómo llegar al 7 de enero

Quim Monzó

Con la ternura y la acidez que siempre empapan sus sorprendentes relatos, esta Navidad Quim Monzó convierte su artículo semanal en una eficaz guía para manejarse y sobrevivir a todos los tópicos propios de estas fechas.

LOS PARIENTES
Las fiestas navideñas –que encadenan un continuo de cenas y comidas que empieza el 24 de diciembre y acaba el 6 de enero– te hacen ver a parientes que ignoras el resto del año. Lo razonable sería decir: si no los ves durante el resto del año y vives la mar de feliz, es que en el fondo –la sinceridad ante todo– no hay ninguna necesidad de verse. ¿Por qué, pues, forzar las cosas? ¿Por qué esos abrazos sin ganas, esas sonrisas de mármol y esos besos en el aire, a tres centímetros de mejillas maquilladas en exceso?

LA LOTERÍA
Imprescindible comprar participaciones en todos los bares, tiendas y empresas en los que, por un motivo u otro, el ciudadano ponga los pies durantes estos días. El razonamiento motor es: ¿y si el gordo de Navidad toca ahí? El ciudadano sabe que entonces verá por la tele la alegría de los afortunados y reconocerá el bar, tienda o empresa y pensará que fue idiota por haber estado ahí y no haber comprado un poco de lotería.

LAS UVAS
La forma en que cada uno se prepara para comer las uvas en Nochevieja retrata a la perfección su carácter, tanto como la grafología o la forma de peinarse. Los hay que, en un platito, pelan cuidadosamente cada uva para, luego, cuando empiecen a sonar las campanadas, no tener que ir escupiendo las pieles. Los hay que las comen tan rápidamente que ya han acabado y resulta que aún quedan cuatro o cinco campanadas por sonar. Otros van lentos, o participan del ritual con desgana tan evidente que ya han sonado las doce campanadas y ellos aún van por la tercera uva.

LA SOBREMESA
Por si, estos días, no tuviese suficiente con las comidas, a la que acaban sobreviene la fatídica sobremesa. En épocas menos obtusas, tras haber comido en exceso, la gente sensata se levantaba y daba un paseo por el jardín, o –a falta de jardín– dejaba el comedor y se iba al salón, a fumar y a tomar café. Hoy, la mayoría de la gente se queda en la mesa durante horas, hablando, bebiendo cafés, coñacs, carajillos, ponches, estomacales y rones escarchados, y comiendo turrones, polvorones y barquillos mientras la atmósfera se va enrareciendo

cada vez más, en progresión paralela al creciente sopor de los comensales. Esa fase vergonzosa de las fiestas navideñas se denomina "sobremesa".

LAS VACACIONES
Es un clásico: si los niños se pasan tres semanas en casa, sin ir a escuela, ¿es lógico que tengan que esperar al final de vacaciones, al 6 de enero, para recibir los juguetes? Si los recibiesen al inicio de las vacaciones o poco después –por Navidad, por ejemplo–, durante esas tres semanas vivirían felices. Felices ellos, por poder disfrutar de los artilugios, y felices los padres o progenitores, por tenerlos ocupados y sin dar la lata.

EN CASA Y BIEN VESTIDOS
El resto del año, los días de fiesta van por casa con tejanos y blusa o camisa. Estos días, en cambio, sacan el traje de gala, el vestido negro, los collares, los pendientes, las corbatas que les regalaron el último día del Padre, y van peripuestos por casa, besuqueando a los que van llegando, apilando abrigos encima de las camas y corriendo hacia la cocina, a comprobar si todo funciona como debe: si el rodaballo se cuece como es debido, si los canelones se tuestan delicadamente… El momento culminante de esa imbricación entre la elegancia en el vestir y la vida casera se da cuando a la cocinera emperifollada se le cae un pendiente, rebota en el broche que lleva sobre la teta izquierda y acaba dentro de la olla en la que se cuece la sopa.

EL BANQUETE NAVIDEÑO
Resulta ideal para los amantes del debate político. Permite –en un momento u otro, entre el primer plato y los postres– articular un discurso parasociológico sobre los diferentes que son, por ejemplo, Cataluña y España. Puede basarse en que en Cataluña tradicionalmente la cena de Nochebuena es poco más que una cena normal y el verdadero atracón tiene lugar al mediodía siguiente, en la comida del día de Navidad. Con un poco de maña, da para despotricar durante un buen rato, los unos de los otros y los otros de los unos. En Madrid, en Sevilla, en Zaragoza o en Barcelona.

LOS REDUNDANTES
Practican esa costumbre bárbara de comer hablando de otras comidas. Se pasan todo el primer plato –sopa de cocido, por ejemplo– hablando de una paella que comieron hace un mes en Paiporta, en un viaje que hicieron a Valencia. Cuando llega el pollo relleno de ciruelas, te explican con pelos y señales el besugo que les sirvieron en Bilbao cuando fueron, durante el puente de la Constitución, a ver –¿cómo no?– el Guggenheim. No pueden comer un plato sin hablar de otro. Son vulgares exhibicionistas. Y es evidente que, de hecho, no les gusta comer sino hablar de ello.

Texto adaptado para su uso didáctico.

Compara tus dudas e hipótesis con un compañero. Luego, trata de encontrar y formular cinco cosas que se parecen entre las costumbres de tu país y las que caricaturiza Monzó. Coméntalas con tu compañero. Después, entre los dos, buscad las 5 que os parezcan más sorprendentes para comentarlas con el resto de la clase. Por último, podéis escribir un pequeño texto irónico sobre alguna costumbre de vuestra cultura.

gente y culturas

8 Imagina que un amigo o un conocido tuyo tiene que asistir en tu país a las siguientes reuniones sociales. ¿Qué consejos le darías? Usa las formas de la lista.

UNA COMIDA FAMILIAR CON TUS PADRES

UN PICNIC CON AMIGOS

LA CELEBRACIÓN DEL AÑO NUEVO

UNA FIESTA DE CUMPLEAÑOS DE UNOS AMIGOS TUYOS

UNA ENTREVISTA DE TRABAJO

TRATA DE UTILIZAR

Seguro que les encantará que...
Quedarás muy bien si...
No/Ni se te ocurra...
Si..., puedes quedar muy mal.
Si se te ocurre..., puedes parecer un/a maleducado/a.

● Si en una entrevista de trabajo tuteas a la persona que te atiende, puedes quedar muy mal.

9 ¿Recuerdas algún malentendido que hayas vivido en un viaje a otro país? ¿Alguna "metedura de pata" debida a tu desconocimiento de algún aspecto cultural? Prepara un pequeño texto y explica qué sucedió, a qué se debió el malentendido y cómo lo solucionaste. Léeselo al resto de la clase.
Entre todos trataremos de formular una serie de recomendaciones para evitar malentendidos en culturas diferentes a la nuestra.

● Me acuerdo de una vez que... y les sentó fatal que yo...

Así puedes aprender mejor

10 Vamos a hacer un test para saber cómo te relacionas con las culturas extranjeras.

- ¿Crees que una lengua tiene mucha relación con la cultura y las costumbres de las personas que la hablan?

- Cuando viajas, ¿qué haces? ¿Te fijas en lo pintoresco y lo más visible o prefieres descubrir qué es lo más general y representativo de ese país?

- Cada vez que descubres algo diferente, ¿lo comparas con tu cultura?

- ¿Buscas explicaciones cuando algo te parece raro? ¿Se las pides a un nativo para entender mejor su significado en esa cultura?

- ¿Quieres aprender a actuar como un nativo (un español o un latinoamericano, por ejemplo) o quieres encontrar maneras de entender la nueva cultura y relacionarte con ella desde tu propia identidad?

"Para ir más allá del aprendizaje de una o más lenguas extranjeras con sus culturas asociadas, deberemos empezar con el reconocimiento de que una cultura es un sistema aprendido, internamente coherente, característico de un grupo específico. Es un sistema desarrollado por los integrantes de dicho grupo a través del tiempo que les ayuda a enfrentarse en condiciones óptimas al entorno en el que viven. Es deseable tener conciencia del comportamiento culturalmente adquirido que uno mismo posee, y después darse cuenta de que las soluciones específicas no son más que una posibilidad de solución, ya que otras culturas quizá adopten otra."
(BYRAM Y FLEMING)

Compara tus respuestas con las de varios compañeros. ¿Cómo crees que hay que abordar el aprendizaje de la lengua en relación con la cultura a la que se asocia? Podéis también comentar la cita de la hoja.

Diario de aprendizaje

Impresiones sobre el progreso en mi competencia de español:

1. ¿En qué aspectos he mejorado?

2. ¿Cómo he conseguido hacerlo?

_____

_____

_____

_____

_____

_____

_____

_____

_____

_____

_____

_____

_____

_____

_____

_____

_____

gente y emociones

1 ¿Qué habilidades crees que debe tener cada una de las personas que trabaja en las siguientes profesiones?

1 piloto de avión	
2 cirujano/a	**3** vigilante de la playa
4 presentador/a de televisión	
5 violinista	**6** conductor/a de camiones
7 corresponsal de guerra	**8** cocinero/a

- Ser muy rápido de reflejos.
- Estar en muy buena forma.
- Tener muy buen pulso.
- Tener facilidad para negociar.
- Dársele bien los idiomas.
- Tener carisma.
- Tener muy buena vista.
- Tener una buena imagen.
- Ser capaz de improvisar.
- Tener buen olfato.
- Ser creativo/a.
- Tener una buena voz.
- Tener don de gentes.
- Tener muy buen oído.

- Saber desenvolverse bien en situaciones difíciles.
- Tener mucha voluntad, ser muy tenaz, muy constante.
- Tener facilidad para el estudio.
- Ser capaz de estar solo/a muchas horas.
- Tener facilidad para comunicarse.
- Ser muy flexible.
- Saber nadar.

¿Y tú?

CROC! CROC! CROC!

... Pero para la música es un genio.

● Yo podría ser cocinero, se me da bien la cocina y muy soy creativo. inventaría nuevos platos. En cambio, no podría ser violinista, soy un negado para la música, no tengo nada de oído.

2 Consulta la web de la asociación **TRUEQUESERVICIO** en Vigo. En esta página la gente que escribe ofrece servicios a cambio de recibir otros. ¿Te interesaría alguno de ellos?

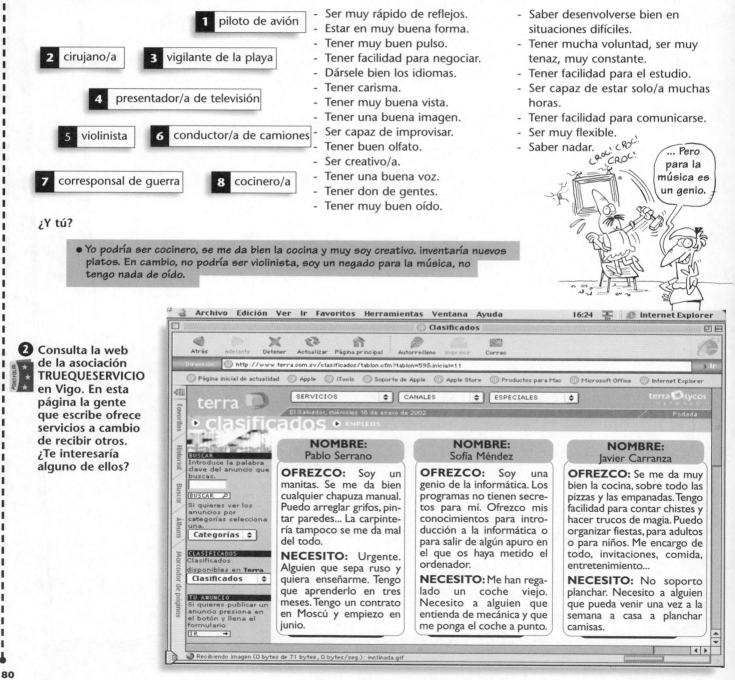

NOMBRE: Pablo Serrano

OFREZCO: Soy un manitas. Se me da bien cualquier chapuza manual. Puedo arreglar grifos, pintar paredes... La carpintería tampoco se me da mal del todo.

NECESITO: Urgente. Alguien que sepa ruso y quiera enseñarme. Tengo que aprenderlo en tres meses. Tengo un contrato en Moscú y empiezo en junio.

NOMBRE: Sofía Méndez

OFREZCO: Soy una genio de la informática. Los programas no tienen secretos para mí. Ofrezco mis conocimientos para introducción a la informática o para salir de algún apuro en el que os haya metido el ordenador.

NECESITO: Me han regalado un coche viejo. Necesito a alguien que entienda de mecánica y que me ponga el coche a punto.

NOMBRE: Javier Carranza

OFREZCO: Se me da muy bien la cocina, sobre todo las pizzas y las empanadas. Tengo facilidad para contar chistes y hacer trucos de magia. Puedo organizar fiestas, para adultos o para niños. Me encargo de todo, invitaciones, comida, entretenimiento...

NECESITO: No soporto planchar. Necesito a alguien que pueda venir una vez a la semana a casa a planchar camisas.

Escribe un texto para la web de **TRUEQUESERVICIOS.COM** ¿Qué ofreces?
¿Qué necesitas?

NOMBRE: --

OFREZCO: --

NECESITO: --

En clase, en grupos de cinco o seis estudiantes, intentad encontrar a alguien que pueda satisfacer vuestras necesidades.

3 **Escucha este programa de RADIO ASTORGA. ¿Cuál es la pregunta que realiza el locutor? ¿Qué razones da cada uno de los participantes para su elección? ¿Coincides con alguno de ellos?**

JULIA	ROBERTO	GEMA	AGUSTÍN

Escribe otras preguntas que podrían hacerse a los oyentes de un programa de este tipo.

> ¿En qué época antigua te hubiera gustado vivir? ¿Por qué?

En clase, poned en común vuestras propuestas. Podéis elegir una de ellas y simular un programa de radio como el que acabáis de oír.

4 **Julio Medem es uno de los directores españoles de más prestigio. Entre sus películas destacan *La ardilla roja* y *Los amantes del círculo polar*. En todas sus obras el azar juega un papel muy importante en el discurrir de los acontecimientos. Este es el resumen de su película *Lucía y el sexo*.
¿En cuántas ocasiones el azar se cruza en la vida de los personajes?**

Esa es la historia, llena de casualidades. ¿Cuántas frases de este tipo podrías escribir? Intenta escribir el máximo posible.

> Si Lucía no hubiera ido a la Isla, no habría conocido a Elena.

Lorenzo hace el amor con una desconocida, Elena, en una playa de La Isla una noche de luna llena, el día de su cumpleaños. Tiempo después, en Madrid, conoce a Lucía, quien le declara su amor y le propone irse a vivir juntos. Lorenzo le cuenta la relación que tuvo con Elena.

Elena descubre que se ha quedado embarazada de Lorenzo, decide tener a su hija y se instala en Madrid.

La enfermera que atendió a Elena en el parto es hermana de Pepe, el mejor amigo de Lorenzo, y le ha explicado el caso de una mujer que engendró a su hijo en una noche de luna llena en una playa de la Isla... Pepe le cuenta todo eso a Lorenzo y le indica dónde puede ir a conocer a su supuesta hija, Luna, que juega cada tarde en un parque de la ciudad.

Lorenzo conoce a su hija y a la chica que la cuida, Belén. Una noche va a cenar a casa de la niña, invitado por Belén, con quien Lorenzo mantiene una relación íntima desde los primeros días del encuentro en el parque. La niña se despierta a media noche y es devorada por el perro guardián de la casa. Lorenzo presencia el accidente.

Elena, destrozada por la muerte de su hija, se vuelve a vivir a La Isla.

Lorenzo no puede superar la tragedia, cae en una profunda depresión y es atropellado por un coche.

Lucía cree que Lorenzo ha muerto y se va desesperada a La Isla, a descubrir el secreto que ha desencadenado el drama. Busca alojamiento en La Isla y va a parar a una casa de huéspedes que regenta Elena, que le enseña la foto de su hija y le cuenta que fue engendrada en una noche de luna llena, hace cuatro años, un 23 de mayo en una playa de La Isla...

gente y emociones

5 ¿Cómo reaccionarías en las siguientes situaciones? ¿Qué les dirías a las personas que te plantean o han planteado problemas de este tipo?

TRATA DE UTILIZAR

Le +
diría
aconsejaría
pediría
propondría
habría dicho
habría aconsejado
habría pedido
habría propuesto
...
+ Imperfecto de Subjuntivo

Si un amigo/a te contara que se ha encontrado una cartera con 1000 euros tirada en la calle y con toda la documentación de la persona que la ha perdido.

● Antes de nada, le sugeriría que averiguara algo sobre la persona que ha perdido la cartera...

Si alguien te dijera que ha recibido un regalo carísimo de un vecino al que solo conoce de verse en el ascensor.

_____

Si una persona te contara que no soporta a la familia de su pareja.

_____

Si un familiar, la semana pasada, te hubiera pedido consejo sobre dónde invertir una cantidad de dinero importante.

_____

Si unos amigos, antes de casarse, te hubieran pedido consejo sobre dónde pasar su luna de miel.

_____

Si un colega de trabajo te dijera que ha decidido tener un hijo con su pareja, con la que sabes que se lleva fatal.

_____

6 ¿Cuál sería la frase correcta para las situaciones A, B y C?
Imagina situaciones para otras posibles combinaciones de tiempos verbales.

A La semana próxima presentaremos un proyecto importante a la gerente de la empresa para mejorar resultados.

Me indigna		no se lo tomara en serio.
Me indignó	QUE	no se lo tome en serio.
Me indignaría		no se lo haya tomado en serio.

B Ayer me pasé el día pegado al teléfono esperando su llamada.

Me puso muy triste		no me llame.
Me pondrá muy triste	QUE	no me haya llamado.
Me ha puesto muy triste		no me llamara.

C En las clases un compañero utiliza siempre una palabra muy grosera.

Me molesta mucho		haya dicho eso.
Me ha molestado mucho	QUE	diga eso.
Me molestaría mucho		dijera eso.

7 Busca el adjetivo que defina mejor el estado o la actuación de las personas a las que se refieren estas frases.

desconcertado/a   cansado/a   distraído/a   desganado/a   indiferente   amigable   agresivo/a

Me siento **como si me hubieran dado** una paliza. | cansado |

Actúa **como si quisiera provocar** una discusión.

Es **como si hubiera perdido** el interés por todo.

Se comporta **como si no supiera** nada del asunto.

En clase últimamente es **como si estuviera** en la luna.

Se vieron y **como si no hubiera pasado** nada entre ellos.

Y allí estaba parado, **como si se hubiera quedado** sin habla.

Ahora, escribe expresiones de este tipo que se podrían referir a una persona asustada, muy enfadada, muy relajada, muy irritable y muy triste.

8 Lee el texto y completa la tabla. ¿Qué emociones te provoca cada elemento de la lista? Añade algunos más.

Las personas siempre sentimos algo, siempre experimentamos alguna emoción. Esas emociones son un síntoma de que estamos vivos. Hay cuatro emociones básicas: ira, tristeza, miedo y alegría. Según algunas teorías, los otros sentimientos son una mezcla de estos cuatro. Hay miles de combinaciones posibles, por ejemplo los celos: una mezcla de miedo e ira; o la nostalgia: una mezcla de alegría y tristeza.

A veces, uno desearía no tener emociones para no sufrir, pero todos los sentimientos son positivos si se saben manejar. Por ejemplo, la ira tiene relación con nuestro instinto de libertad y de autodefensa. El miedo es también muy útil, nos previene de correr demasiados riesgos y nos ayuda a evitar el peligro. La tristeza nos fuerza a un periodo de quietud que favorece la recuperación.

Las emociones son universales, aunque están modeladas por nuestras experiencias vitales y por el medio cultural en el que vivimos.

	ALEGRÍA	MIEDO	TRISTEZA	IRA
la oscuridad				
la muerte				
las arañas				
la violencia				
la soledad				
la enfermedad				
la falta de cariño				
el engaño				
la gente que se aprovecha de los demás				
la irresponsabilidad				
la corrupción				
las fiestas familiares				
la música				
un bebé				
el sol				
...				

TRATA DE UTILIZAR

Me da/n miedo.
Me da/n mucha alegría.
Me da/n risa.

Me pongo triste.
Me pongo muy contento/a.

Me indigna/n.
Me entristece/n mucho.
Me aburre/n.
Me divierte/n.

Me pone/n nervioso/a, triste, de mal humor, histérico/a.

Me siento bien/mal.

Me hace/n sentir bien/mal.

Siento miedo.

Me enfado mucho.

Ahora, escribe un texto sobre cada una de estas cuatro emociones: **alegría, miedo, tristeza** e **ira**. Léeselo a tus compañeros y busca en la clase a la persona con la que tienes una mayor afinidad emocional.

● A mí, me ponen muy triste los hospitales, cuando tenía cinco años me operaron y tuve que pasar dos meses en una habitación...
○ Pues a mí siempre me ha dado algo de miedo la oscuridad, me hace sentir inseguro.

gente y emociones

9 Dos amigos de Gabriel están hablando sobre el problema que este ha tenido con su familia. Escucha la conversación y anota algunos datos: ¿por qué surgió el conflicto?, ¿quiénes estaban implicados?, ¿qué hizo Gabriel?, ¿cómo reaccionó su padre?

Recoge los juicios que emite cada uno de los interlocutores.

LA AMIGA:

Si Gabriel necesitaba más dinero, podría haber buscado un trabajo compatible con sus estudios.

EL AMIGO:

¿Estás de acuerdo con alguno de ellos? ¿Cómo juzgas tú la situación? ¿Cómo crees que se habría podido llevar el asunto?

10 Ordena las frases de cada bloque para que tengan sentido. Para ello, usa los conectores que precises y cambia o añade lo que creas oportuno. Escribe después un juicio sobre esos comportamientos.

TRATA DE UTILIZAR

así que
por eso
por esa razón
como
porque

– Como había salido la noche anterior hasta las cuatro de la madrugada, no oyó el despertador a la mañana siguiente y por eso llegó tarde a la entrevista de trabajo.

• No debería haber salido hasta tan tarde el día anterior a una entrevista de ese tipo.

– Salió la noche anterior hasta las cuatro de la mañana.
– No oyó el despertador.
– Llegó tarde a la entrevista de trabajo.

– Se pasó las vacaciones en Calatayud.
– Esperó hasta el último momento para hacer la reserva a Menorca.
– Finalmente ya no había alojamiento en toda la isla ni vuelos a otros lugares.

– Ella estaba convencida de su indiferencia.
– Pablo nunca demostró abiertamente sus sentimientos hacia Carlota.
– Ella aceptó un trabajo en Cabo Verde y se fue a vivir allí.

– Silvia le dijo a su hija que no le gustaba nada el novio que tenía.
– Desde entonces su relación se ha vuelto muy distante.
– La hija se sintió muy ofendida.

– Se rompió una tubería y se inundó su casa y la de los vecinos.
– Tuvo que pagar todas las reparaciones.
– No renovó el seguro de la vivienda.

– Lo dejó todo en la ciudad para irse al campo a vivir con su pareja.
– Se han separado.
– Ahora se siente muy aislada y se aburre.

11 Imagina que formas parte de un grupo de psicólogos que tienen que valorar las aptitudes de una persona para un trabajo de asistente social. Basa tus valoraciones en el comportamiento que ha demostrado en una entrevista, de la que tienes este informe. ¿Crees que Terencio actuó correctamente?

- Creo que hizo bien en no mostrarse como una persona perfecta, eso podría haber irritado a los entrevistadores, podrían haberlo tomado por una persona muy arrogante.

INFORME

Terencio llegó a la entrevista con diez minutos de antelación. Los entrevistadores le hicieron esperar más de media hora en la recepción y él esperó pacientemente hojeando unas revistas que había sobre una mesa.

Cuando empezó la entrevista y vio que le iban a entrevistar cinco personas se puso nervioso, pero esperó a que hablara cada uno de ellos y luego les pidió amablemente que se presentaran.

En ningún momento intentó mostrarse como una persona perfecta.

Hubo puntos que no le quedaron muy claros, así que sugirió que podría preparar un resumen de la reunión, y que posteriormente lo podría enviar para que lo supervisaran a fin de evitar malentendidos.

Cuando le preguntaron algo que consideraba demasiado personal evitó contestar. En algunos casos contestó con otra pregunta.

Cuando le presentaron a la Directora General (que tenía el brazo escayolado) se quedó muy cortado, hizo un intento de darle la mano, pero acabó poniéndosela en el bolsillo sin saber cómo reaccionar.

Al acabar la entrevista les comentó que necesitaba tener una respuesta lo antes posible porque había tenido otras ofertas y quería valorarlas cuanto antes.

12 Inserta las circunstancias temporales adecuadas a cada situación. Después, contesta a las preguntas.

- después de haber hablado un montón de veces con él
- en el momento en el que estás besándolo apasionadamente
- justo cuando estaba a punto de pasar por la aduana
- al entrar en tu piso a las dos de la madrugada

¿Qué harías si vieras a tu compañero de piso con un montón de amigos en una fiesta salvaje?

¿Qué harías si tu hijo/a de 14 años se negara a lavar los platos?

¿Cómo reaccionarías si cuando estás con tu novio suena su teléfono móvil?

¿Cómo reaccionarías si en el aeropuerto te dieras cuenta de que el pasaporte de tu amigo estaba caducado?

Ahora, escribe tú otras preguntas enlazando los elementos que mejor encajen:

... justo en el momento en el que...
... cuando estaba a punto de...
... cuando acababa de...

- Comprar una casa.
- Quedarse sin trabajo.

- Cerrarse la puerta del metro.
- Estar entrando.

- Firmar un contrato como modelo para una campaña de ropa interior.
- Romperse una pierna por tres sitios.

gente y emociones

Así puedes aprender **mejor**

13 Una de las características de la conversación coloquial es la intensificación. Parece que muchas veces no es suficiente afirmar o negar, preguntar o manifestar acuerdo o desacuerdo, sino que es preciso intensificar lo que decimos, exagerar.

Lee la transcripción de una conversación en la que Ramón cuenta una anécdota que le sucedió cuando era pequeño. Había guardado el dinero en el calcetín por miedo a que se lo robaran. Identifica en el texto los recursos de intensificación que usan los interlocutores.

- (...) y nos fuimos allí a hacer las compras y cuando fui a pagar...
- Claro, tenías que sacarte...
- Claro, la idea era que me lo quitase antes, ¿no? Antes de ir a la caja, pero se me olvidó...
- Mhhjj
- ...entonces cuando fui a pagar... ehh... me di cuenta de que el dinero estaba en el calcetín. Entonces miré a la cajera horrorizado, yo me quería morir, de verdad.
- Claro. *(risas)*
- Ya, en aquel momento...
- ¡Yo me muero!
- Pero después, pero después más. Aparte, el... el centro o sea, el hipermercado llenísimo de gente...
- A tope.
- A tope, pero un montonazo increíble y el, el billete se había deslizado hasta el fondo del calcetín...
- ¿Del dedito gordo...?
- Casi al lado del dedo gordo, por lo cual yo no podía quitarlo sin quitarme el zapato, que era, que era una zapatilla deportiva no muy nueva, olorosa... La verdad que apestaba. Y entonces me tuve que desabrochar la zapatilla, desatarla...
- ¿Y tu hermano qué hacía?
- Y... y mi hermano muerto de risa y de vergüenza al mismo tiempo, pero bueno, el pobre allí detrás. (...)

El lenguaje afectivo intenta realzar la expresión, y se sirve para ello de muchos recursos; uno de ellos es la intensificación, que tiene como fin provocar un mayor interés en la conversación, implicar más al interlocutor.

En muchas ocasiones son cuantificadores: *un montón de gente; está muy pero que muy buena.* O un uso especial de los **artículos:** *la de veces que se lo he dicho.* Locuciones verbales: *me importa un pimiento; me moría de risa.* **La repetición:** *es tonto, tonto; esto es café café.* Expresiones que refuerzan lo dicho: *te lo juro; te lo digo, es insoportable.* O que refuerzan lo dicho por el interlocutor: *sí, sí; es que no puede ser, hombre; se está pasando; ¡qué fuerte!*

Diario de aprendizaje

Impresiones sobre el progreso en mi competencia de español:

1. ¿En qué aspectos he mejorado?

2. ¿Cómo he conseguido hacerlo?

_____

_____

_____

_____

_____

_____

_____

_____

_____

_____

_____

_____

_____

_____

gente justa

1 ¿Qué piensas tú de estas cuestiones? Júzgalas según tu propio punto de vista.
Trata de utilizar los recursos del cuadro.

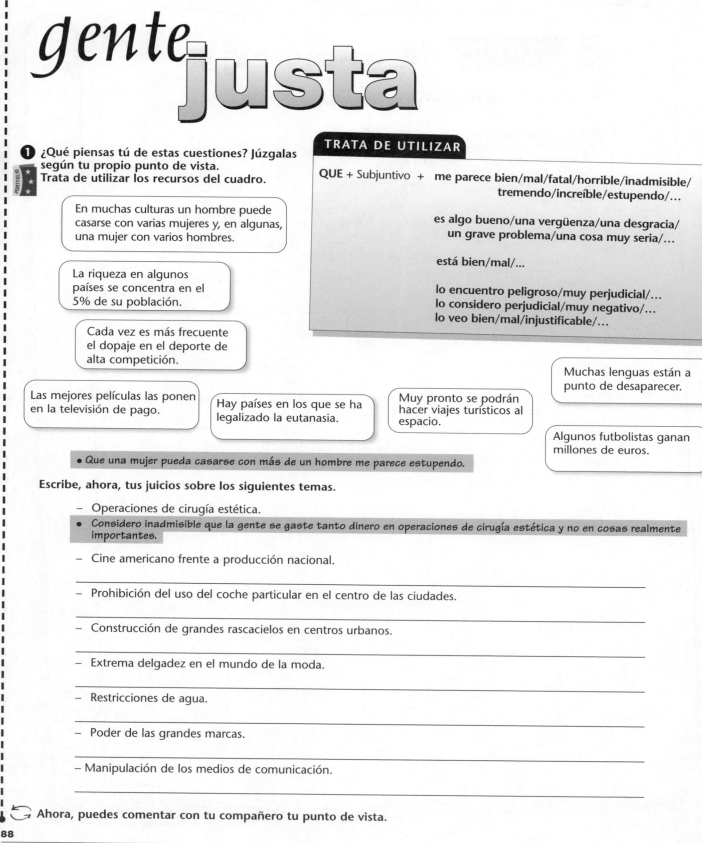

> En muchas culturas un hombre puede casarse con varias mujeres y, en algunas, una mujer con varios hombres.

> La riqueza en algunos países se concentra en el 5% de su población.

> Cada vez es más frecuente el dopaje en el deporte de alta competición.

> Las mejores películas las ponen en la televisión de pago.

> Hay países en los que se ha legalizado la eutanasia.

> Muy pronto se podrán hacer viajes turísticos al espacio.

> Muchas lenguas están a punto de desaparecer.

> Algunos futbolistas ganan millones de euros.

TRATA DE UTILIZAR

QUE + Subjuntivo +   me parece bien/mal/fatal/horrible/inadmisible/
tremendo/increíble/estupendo/...

es algo bueno/una vergüenza/una desgracia/
un grave problema/una cosa muy seria/...

está bien/mal/...

lo encuentro peligroso/muy perjudicial/...
lo considero perjudicial/muy negativo/...
lo veo bien/mal/injustificable/...

• Que una mujer pueda casarse con más de un hombre me parece estupendo.

Escribe, ahora, tus juicios sobre los siguientes temas.

– Operaciones de cirugía estética.

• Considero inadmisible que la gente se gaste tanto dinero en operaciones de cirugía estética y no en cosas realmente importantes.

– Cine americano frente a producción nacional.

_____

– Prohibición del uso del coche particular en el centro de las ciudades.

_____

– Construcción de grandes rascacielos en centros urbanos.

_____

– Extrema delgadez en el mundo de la moda.

_____

– Restricciones de agua.

_____

– Poder de las grandes marcas.

_____

– Manipulación de los medios de comunicación.

_____

↻ **Ahora, puedes comentar con tu compañero tu punto de vista.**

2 Fíjate en estos recursos para contrastar diferentes aspectos de un tema.

Participar sin cobrar en una campaña **está muy bien, pero** nadie está obligado a ello.

Que los famosos **participen** sin cobrar en una campaña **puede estar muy bien, pero** nadie está obligado a ello.

Es cierto que participar sin cobrar en una campaña **está muy bien, pero también es verdad que** nadie está obligado a ello.

Ahora, trata tú de buscar 'peros' a estas afirmaciones, utilizando los recursos resaltados en negrita.

1. La experimentación con animales permite hacer descubrimientos muy importantes.

2. Los hombres son más fuertes físicamente que las mujeres.

3. Los niños están muy familiarizados con las nuevas tecnologías.

4. Todo el mundo puede tener un coche.

5. Existen vacunas para la mayoría de las enfermedades infecciosas.

6. Las cadenas públicas de televisión tienen menos audiencia que las privadas.

7. La ciencia ha aportado muchos beneficios a la humanidad.

3 ¿Conoces todos los verbos del recuadro gris? Forma al menos 10 frases con un elemento de cada columna.

– El Gobierno	prohibir	probar
– El abogado defensor	castigar	ser responsable de
– La Asociación	falsificar	comportarse
de Consumidores	justificar	ser legal/ilegal
– El acusado	denunciar	estar prohibido/permitido
– En mi país	juzgar	autorizar
– Un jurado popular	acusar	declarar
– Un detective privado	defender	querellarse
– Amnistía Internacional	huir	mentir
– Los partidos de la oposición	refugiarse	decir la verdad
– La policía	cometer	demostrar
	descubrir	sospechar
	alegar	aportar

un delito
un asesinato
un robo
la importación de carne de cerdo
su comportamiento
su conducta
sobre lo que sucedió
lo que sucedió realmente
que el culpable es el mayordomo
una prueba
a algún país del Caribe
a su marido
al culpable
un documento
bien/mal
que había robado un coche
conducir a los 16 años
contra la empresa de lácteos
la culpabilidad/la inocencia

Elige, ahora, cinco de las combinaciones para describir algo que ha sucedido recientemente en tu país. Si no recuerdas ninguna noticia, puedes inventarla.

4 ¿Cómo crees que es y que debería ser el testamento de tía Loreto? Lee el texto en el que uno de sus sobrinos habla de la historia de su excéntrica tía. Luego piensa, conociendo sus malas intenciones, qué crees que le ha dejado a cada uno de los personajes que se mencionan. ¿Te parece justo? ¿Qué debería haber hecho? ¿Por qué? Fíjate en que, como no sabes los nombres, tienes que identificarlos mediante **el de, la de, los de, las de.**

Hay que reconocerlo: mi tía Loreto era una mujer especial. Había heredado de sus padres una fortuna y toda su vida, hasta que murió el mes pasado, hizo lo que le dio la gana. Entre otras cosas, casarse ocho veces y prescindir totalmente de los deseos de sus maridos y parientes.

No recuerdo los nombres de sus maridos pero sí que había entre ellos personajes de todo tipo.

Uno de ellos, por ejemplo, recorría el mundo en un barco noruego buscando ruinas arqueológicas submarinas. Pero tuvo un desgraciado accidente, en el que casi se ahoga, y ahora odia el mar.

Creo recordar que otro de los maridos estuvo mezclado en asuntos turbios, y dicen las malas lenguas que perteneció a la mafia. Tras el divorcio, sin embargo, se hizo monje y actualmente vive en un pueblecillo de Sierra Nevada.

Otro de sus amores, tras una agitada vida de hombre de negocios que le llevó a la ruina, se hizo miembro activo de Greenpeace. Se dedica especialmente a la defensa de las especies animales en vías de extinción.

Tuvo también un marido torero. Pero sufrió una grave cogida en Sevilla. Desde entonces odia a los animales.

A otro de sus maridos le encantaba tocar el piano. Era muy bueno, pero nunca ha logrado tener éxito por su carácter poco luchador y poco emprendedor.

Otro de sus maridos era un hombre sencillo, con muy poca cultura pero con mucho dinero. Actualmente, se dedica al negocio inmobiliario.

Uno de sus últimos maridos, veinte años más joven que mi tía, dirige un club de vela y es un gran aficionado a los deportes náuticos.

Del último, que la cuidó hasta el día de su muerte, solo sé que le apasionaban las antigüedades.

Pronto se va a abrir el testamento. Únicamente, sabemos dos cosas que ella misma nos dijo antes de morir: ha dejado algo "muy inadecuado" a cada uno de sus ex maridos, y de los cinco sobrinos, solo nombra a uno en su testamento. ¿Seré yo? Yo soy profesor de español. Me gusta la vida tranquila, leer, viajar... ¿Qué habrá podido dejarme, si me ha dejado algo? De niño, era su preferido...

- Debería haberle dejado el barco al del club de vela. Pero probablemente se lo habrá dejado al del barco noruego.

LA COLECCIÓN DE LIBROS ANTIGUOS DE VIAJES

LOS ABRIGOS DE PIELES

EL CHALÉ EN LOS ALPES

LA FINCA EN EXTREMADURA Y LOS CABALLOS

LA COLECCIÓN DE ESCOPETAS

LA AVIONETA

EL PIANO DE COLA

EL COCHE DE FÓRMULA 1

LA CASA DEL PASEO DE LA CASTELLANA EN MADRID

DOS CUADROS DE MIRÓ

EL GIMNASIO

EL BARCO DE VELA

LOS TRES DÁLMATAS

LOS MUEBLES DE DISEÑO ITALIANO DE LA CASA DE PALMA DE MALLORCA

LOS CUATRO GATOS PERSAS

EL APARTAMENTO EN MANHATTAN

LA CASA EN BAHAMAS

5 Ante estos hechos, formula tu punto de vista utilizando las palabras que tienes a continuación. Escríbelo en la primera línea, debajo de cada hoja.

bien/mal   inaceptable   injusto   impresentable   injustificable   inadmisible   ilógico   fatal   discutible   lógico
escandaloso   fantástico   indignante   positivo   vergonzoso   justo   extraordinario   comprensible   justificable

una vergüenza   un escándalo   una equivocación   una maravilla   una suerte   un acierto   una muy buena noticia

Un vecino de Madrid, con graves problemas de insomnio, mata al perro de sus vecinos porque ladraba todas las noches sin parar.

• A mí me parece inaceptable.

○ _____

UN PADRE OBLIGA A SUS HIJOS A IR A MISA CADA DÍA POR SER UN FERVIENTE PRACTICANTE, Y UN JUEZ LO DESAUTORIZA.

• _____

○ _____

El Ayuntamiento de Barranqueta multará a los ciudadanos que ensucien la vía pública con colillas, papeles, etc.

• _____

○ _____

Miles de jóvenes se manifiestan para protestar por el adelanto del cierre de los bares y discotecas, que a partir de mañana será a las 2 h de la madrugada.

• _____

○ _____

El Hospital Santa Cruz contrata a una médico como directora de la sección de neonatología. Otro de los candidatos se siente discriminado: alega que tenía mejor currículo y que se ha contratado a la Dra. Blasco por ser mujer.

• _____

○ _____

VECINOS DE ALCARRIEJO CONTRA LA CONSTRUCCIÓN DE UN CENTRO DE TRATAMIENTO DE DROGADICCIÓN EN SU PUEBLO.

• _____

○ _____

Una madre de alquiler, G.U.P., se niega a entregar a los trillizos que nacieron la semana pasada en Manchester. La pareja con la que había firmado un contrato presenta una querella y reclama la custodia de los pequeños.

• _____

○ _____

Despiden de una clínica de Barcelona a una enfermera al averiguar que es transexual.

• _____

○ _____

La Universidad de Tasencia recibe una fuerte sanción por fotocopiar libros.

• _____

○ _____

LA TELEVISIÓN PÚBLICA VA A DEJAR DE INCLUIR PUBLICIDAD EN SUS PROGRAMAS.

• _____

○ _____

Ahora, contrasta tu opinión con la de tu compañero y escribe lo que él dice debajo de tu intervención.

6 **¿Cómo se podría desmentir cada una de estas acusaciones con alguna de las siguientes justificaciones? Usa las construcciones:** No es cierto/No es verdad que/No es que..., lo que pasa es que...

ACUSACIONES

A- Mintió.
B- Es un maleducado, se fue de la reunión sin despedirse.
C- Decidió lo de comprar el coche sin consultar a nadie.
D- Elena se pasó la fiesta coqueteando con Alberto.
E- Dejó el proyecto a medias, es un irresponsable.
F- Salió de juerga hasta las 7 de la mañana.
G- Borró todos los archivos del ordenador, seguro que lo hizo con mala intención.
H- Ha suspendido porque no estudia nada.

JUSTIFICACIONES

1- Estuvo en casa de un amigo preparando el examen.
2- Lo hizo sin querer.
3- Se encontraba mal y no quería preocupar a nadie.
4- No quería herir sus sentimientos.
5- Son muy buenos amigos desde la infancia.
6- Quería darles una sorpresa.
7- Su madre tiene una grave enfermedad y él es hijo único.
8- Las matemáticas le resultan muy difíciles.

A. No es que mintiera, lo que pasa es que no quería decírselo para no herir sus sentimientos.

B. _____

C. _____

D. _____

E. _____

F. _____

G. _____

H. _____

7 **Escucha las siguientes conversaciones. Señala la reacción que te parece más apropiada para cada una de ellas.**

– Hombre, pues la verdad es que tampoco había para tanto...

– Pues se pasó un poco, ¿no?...

– Si es que es lo mínimo que podía hacer...

– Pues se merecía eso y mucho más...

– Bien hecho, eso no podía seguir así...

– Hombre, ya era hora...

– Le está bien empleado, a ver si tiene más cuidado la próxima vez...

¿De qué forma continuarías estas frases?

8 ¿Puedes imaginar las razones que llevaron a estas personas a actuar de esta manera? Valora lo que hicieron, piensa qué creían o qué imaginaban en ese momento y di qué crees que deberían haber hecho.

1. Eva y Toni, su novio, crearon una pequeña empresa. Para simplificar cuestiones de papeleo la pusieron a nombre del novio. Ahora se han separado porque Toni se ha enamorado de otra compañera de trabajo. La empresa funciona muy bien.
   Él no quiere darle a Eva su parte.

   • Eva nunca imaginó que su novio fuera capaz de quitarle su parte de la empresa...

2. La empresa le pagó toda la formación durante tres meses y ahora se ha ido a trabajar a la competencia.

3. Se casaron a los dos meses de haberse conocido. La convivencia entre ellos es un infierno.

4. Le dejó a un amigo el piso durante el verano. El amigo invitó a todos los colegas del grupo de jazz en el que toca.

5. Escribió una carta de recomendación para un empleado. Ahora se ha enterado de que este empleado ha causado muchos problemas en la nueva empresa en la que trabaja.

6. Compraron el piso en las afueras de Toledo para vivir en un lugar tranquilo. Ahora van a construir un gran centro comercial y de ocio justo enfrente.

¿Conoces algún caso en el que alguien no ha previsto o se ha equivocado mucho respecto a lo que iba a pasar? Explícalo en un algunas líneas.

9 Imagina qué ha sucedido antes de que se hayan pronunciado estas frases o qué está pasando en ese momento.

1. ¡Qué pena! De haberlo sabido, me habría traído un bañador.

   • Hemos ido a visitar a un conocido. Tiene una piscina maravillosa y no lo sabíamos, hace buen tiempo pero no hemos traído bañador.

2. ¡Qué rabia! Si me lo hubieran dicho, me habría traído las pastillas para la alergia.

   _____

3. ¡Qué horror! De haberlo sabido, habría propuesto que cada uno se pagara lo suyo.

   _____

4. ¡Qué pena! Hubiera sido mejor comprar el otro modelo más potente.

   _____

5. ¡Qué rollo! De haberlo sabido, me quedo en casa.

   _____

6. ¡Qué rabia! Si hubiera escuchado la radio, habría venido en tren.

   _____

7. ¡Qué mala pata! Si me hubieran avisado, habría traído el pasaporte.

   _____

8. ¡Qué vergüenza! De haberlo sabido, me hubiera puesto más elegante.

   _____

9. ¡Qué mala suerte! Si hubiera recibido la carta, me habría presentado.

   _____

10. ¡Qué lástima! Si me hubiera enterado, habría ido corriendo.

   _____

Ahora, lo hacemos al revés: tienes el contexto. Inventa frases que podríamos decir usando: **de haberlo/la** + Participio… o **si** + **lo/la** + **hubiera** + Participio.

1. Con unos amigos hacéis una excursión por el monte. Lleváis bocadillos. A medio camino encontráis un sitio muy bonito con barbacoas y mesas.

   _____

2. Un amigo te dice que Eva, una amiga común, está enfadada contigo porque la viste por la calle y no la saludaste.

   _____

3. Llegan de pronto unos amigos a tu casa sin avisar. Tienes la nevera vacía.

   _____

4. El día siguiente te enteras de que ha actuado en tu ciudad tu cantante favorito.

   _____

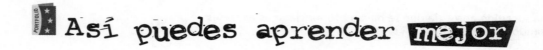

Así puedes aprender mejor

10 Una de las características de la conversación coloquial es su tono vivencial y su gran carga expresiva. Fíjate en la siguiente conversación, la hablante está relatando un encuentro que se produjo en un bar. Habla de un hombre que lleva un buen rato mirándola.

(…) Al final ese hombre, no sé cuánto tiempo, quince minutos o veinte minutos…, se acercó a la mesa y me dijo: "Oye, ¿tú eres por casualidad la hija de Beatriz?", y yo le dije: "Pues sí, sí, sí, mi madre se llama Beatriz, pero no vive en el pueblo", dice: "No, ya sé que no vive en el pueblo, pero ¿verdad que se llama Beatriz?, que tiene sus hermanos, y tiene tantos hermanos y tal y cual…". Y yo: "Sí, sí, soy yo". Dice: "¿Y tú no sabes quién soy yo?". Y yo dije: "Pues no, la verdad no tengo ni idea", entonces me dice: "Pues mira, yo podría haber sido tu padre", "Ah, pues bueno, pues nada, encantada". (…)

Con mucha frecuencia en la conversación coloquial se insertan otras conversaciones mantenidas con anterioridad por uno de los interlocutores. La persona que las relata suele elegir permanecer fiel a la conversación original, relatarla tal como se produjo y además 'dramatizarla' o representarla con abundancia de gestos, una entonación muy marcada que refleje cómo se expresaron los hablantes en la conversación original, e incluso cambios de posición que imitan los movimientos de dichos hablantes.

¿Podrías representar este fragmento de la conversación? Ten en cuenta los gestos que harás para reforzar el relato: extrañeza, sorpresa…, y la entonación propia de emociones de este tipo.

PORTFOLIO **Diario** de aprendizaje

Impresiones sobre el progreso en mi competencia de español:

1. ¿En qué aspectos he mejorado?
2. ¿Cómo he conseguido hacerlo?